幽默让你充满魅力

潘鸿生 —— 编著

北京工业大学出版社

图书在版编目（CIP）数据

幽默让你充满魅力／潘鸿生编著．—北京：北京工业大学出版社，2017.9（2023.5重印）
ISBN 978-7-5639-5630-2

Ⅰ.①幽… Ⅱ.①潘… Ⅲ.①幽默（美学）–语言艺术–研究 Ⅳ.①H019

中国版本图书馆CIP数据核字（2017）第188526号

幽默让你充满魅力

编　　著：	潘鸿生
责任编辑：	丁　娜
封面设计：	清水设计工作室
出版发行：	北京工业大学出版社
	（北京市朝阳区平乐园100号　邮编：100124）
	010-67391722（传真）　bgdcbs@sina.com
经销单位：	全国各地新华书店
承印单位：	三河市富华印刷包装有限公司
开　　本：	787毫米×1092毫米　1/16
印　　张：	14
字　　数：	210千字
版　　次：	2017年9月第1版
印　　次：	2023年5月第4次印刷
标准书号：	ISBN 978-7-5639-5630-2
定　　价：	39.80元

版权所有　翻印必究
（如发现印装质量问题，请寄本社发行部调换　010-67391106）

前　言

何谓幽默？《现代汉语词典》的解释是"有趣或可笑而意味深长"。幽默可以是令人发笑的文字，可以是给人带来快乐的言语，也可以是与人相处的智慧。

幽默是一种语言技巧，是一门生动有趣而且实用的口才艺术，更是一种为人处世的生活哲学。一个风趣、幽默、口才出众的人，不管是人际沟通、商业谈判、职场演说还是谈情说爱，都会让人刮目相看；不管在什么场合，都能成为人们关注的焦点。因为幽默的人不仅能够用自身的机智、自嘲、调侃和风趣给人们带来欢乐，而且有助于消除敌意，减少摩擦，防止矛盾升级，达到讽刺、暗示、拒绝、安慰等各种目的。

幽默能助人突破障碍，给人带来绝处逢生的希望；幽默能够让人变得智慧，让人乐观地面对生活；幽默能够让生活多姿多彩，充满自信；幽默还能"传染"给周围的人，使他们的生活充满欢声笑语。

有位哲人说过："幽默是我们最亲爱的伙伴。我们的生活需要幽默，我

幽默
让你充满魅力

们的人生需要幽默，我们的社会更不能没有幽默。没有了幽默，生活将会变得单调而缺乏色彩，岁月将会变得枯寂、干涸。幽默给予我们的是源源不断的甘泉，它滋养着我们的心灵，润饰着我们的生活。幽默使我们在黑暗中看到光明，在绝境中看到希望。它是寒冬里的一盆炉火，它是窘迫时的一个笑容……幽默美妙而又神奇。"一句幽默的话语，总是在不经意间带来欢乐、化解尴尬。因而，人不一定非要拥有万贯家财，家中也不一定非要天天高朋满座，但却必须要有幽默的生活艺术，让心灵时时浸润在真善美的境界里，使自己的人生更加异彩纷呈。

幽默并非某些人的独特天赋，而是一门通过不断培养后任何人都能掌握的语言艺术。本书旨在引导你更加善于发现生活中的幽默，帮助你学习和掌握生活中实用的幽默技巧。全书以妙趣横生的案例、鞭辟入里的分析，于潜移默化中教会你如何运用幽默，从而使你充满魅力，相信读完这本书，你会变成一个幽默风趣、广受欢迎的人。

目　　录

第一章　欢声笑语，幽默让你魅力倍增

幽默是展示语言魅力的绝技 …………………… 003

人的魅力能通过幽默展现出来 …………………… 007

幽默是一种灵活机智的交流态度 ………………… 010

幽默的人走到哪里都受欢迎 ……………………… 015

要想亲和力强，你少不了幽默 …………………… 017

第二章　谈笑风生，让幽默变成一种习惯

让幽默成为一种生活态度 ………………………… 023

幽默是豁达的人生哲学 …………………………… 027

幽默的人都是乐观者 ……………………………… 030

幽默心态让生活变得更美好 ……………………… 034

幽默是自信的绽放 ………………………………… 037

幽默是阳光生活的必备品 ………………………… 039

不要小看幽默的疗"笑" …………………………… 043

第三章 引"笑"入耳，幽默是这样练成的

从偷换概念中获得幽默 …………………………… 049

正话反说也有幽默作用 …………………………… 052

利用歪解原意制造幽默效果 ……………………… 056

善用各种修辞方法制造幽默 ……………………… 059

语义双关、话中有话的幽默 ……………………… 063

设置悬念的幽默方式 ……………………………… 067

难得糊涂也是一种幽默 …………………………… 070

发现自相矛盾中的幽默 …………………………… 073

第四章 加点幽默因子，你就是社交达人

用幽默拉近彼此的距离 …………………………… 079

幽默在社交中的作用 ……………………………… 083

幽默交友，快乐你我他 …………………………… 086

面对请求，学会用幽默拒绝 ……………………… 089

注意禁忌，幽默也讲分寸 ………………………… 093

第五章 注入欢笑，打造不一样的职场氛围

幽默帮你顺利闯过面试关 ………………………… 099

展现幽默力，建立良好的工作关系 ……………… 102

目 录

幽默地面对工作中的困难和压力 106

幽默地表达你的意见，领导更容易接受 108

妙用幽默，在笑声中增进与领导的关系 112

幽默，有助于提升你的管理魅力 114

第六章 幽默暖场，活跃演讲现场的气氛

幽默的演讲能够动人心弦 119

用幽默缩短与听众的距离 124

以幽默应付临场意外 127

一个幽默的开场白能征服所有听众 130

有头有尾，幽默结束演讲才算完美 133

第七章 化解尴尬，开心一笑解窘境

凭借机智幽默的话摆脱困境 137

用幽默调节紧张的气氛 142

谈笑风生，用幽默解决难题 145

幽默不仅能帮己，更是替他人解围的利器 148

自我解嘲，化解与他人的尴尬 152

第八章 决战商海，用幽默赢得客户

跟客户合作，秀出你的幽默感 157

如果你能让客户大笑，你就能让客户购买 159
在谈判中幽默地说服对手 162
幽默让商务活动轻松愉快 164

第九章　浪漫满屋，用幽默来经营爱情

用幽默打开对方心扉 171
用幽默留住一见钟情 175
用幽默助燃爱情之火 179
用幽默化解恋人的醋意 182
用幽默来弥补犯下的错误 185
用幽默拒绝他人的求爱 188
用幽默呵护你的爱情 191

第十章　幽默给力，家庭幸福有活力

用幽默调节单调的婚姻生活 197
用幽默缓和夫妻矛盾 200
用幽默进行亲子沟通 203
幽默是家庭幸福的"保鲜剂" 207
用幽默来代替指责和不满 209

第一章 欢声笑语，
幽默让你魅力倍增

　　作为思想、学识、智慧和灵感在语言运用中的结晶，幽默是一种瞬间闪现的光彩夺目的火花。幽默的魅力宛如空谷幽兰，你看不到它盛开的样子，却能闻到它清新淡雅的香味。人们的年华逝去，红颜不再，但岁月只能带走昨日的笑声，而幽默的魅力却不会减去分毫。给你的口才里加一点幽默的因子，会让你魅力倍增。

第一章 欢声笑语，幽默让你魅力倍增

幽默是展示语言魅力的绝技

语言的表达，是人与人之间感情交流的主要渠道，语言障碍无疑是人际交往的大敌。因此，在彼此交流的过程中，要设法让双方的心灵距离拉近些，而幽默感恰是取悦人心的神奇力量。

人们常说，幽默是思想、学识、智慧和灵感在语言运用中的结晶，是一瞬间闪现的光彩夺目的火花。因此，幽默的言谈将使你的社交如鱼得水，处处逢源。

美国某大学博士班的劳拉要结婚了。一向交友甚广的她，却在众多的追求者中选择了汤姆作为交换婚戒的对象。得知这个消息后，她的很多同学大感诧异，因为汤姆在所有追求者当中既不是最帅也不是最有钱的。

人们问为什么是他时，劳拉的嘴角向上扬起："很简单，因为他最会让我笑！"原来如此！他是以幽默感赢得了美人芳心，步入婚姻殿堂的，的确精彩。

这世上还有什么比欢笑更能感染人的呢？只要你掌握了给人带来快乐的方法，你也就更容易获得人们的接纳和肯定，成为一个社交场上有影响力的人。"百万富翁的创造者"拿破仑·希尔曾经说过："如果你是个幽默的人，那么你就会轻而易举地去影响你周围的人，让他们永远喜欢你；如果你是个悲愤的人，即使你身边充满了欢乐的海洋，你也会看不到的。"

幽默
让你充满魅力

有人说，当你同别人一起笑的时候，也就和他人之间得到了感情上的交流。很多人之所以招人喜欢，让人愿意与其交往，不仅因为他是个极有才华的人，更主要的原因还是他的幽默感能够活跃气氛，给人留下深刻的印象和美好的回忆。

与人交流的时候，多用一些幽默的语言，不仅可以消除人与人之间的疏离感，还能达到友好和谐的美好境界。许多政治家、教育家、艺术家、谈判家都知道，如果把幽默的神奇力量注入潜意识之中，就可以使自己更容易让人亲近，也显得更富有人情味。

瑞典少将隆伯格斯·埃里克：我们只有一个国家没有打过，那就是匈牙利。

一次，埃里克少将应邀出席在匈牙利召开的国防军事会议。为了拉近两国之间的距离，埃里克做了一个非常有趣的开场白。他说："我们瑞典王国的祖先是海盗，当时在海上几乎和所有的国家都打过仗，一直打了300年。后来，我们的祖先打累了，这才在斯堪的纳维亚半岛上找个地方建立了瑞典王国。我记得，我们只有一个国家没打过，那就是匈牙利，因为匈牙利不靠海……"

场下的匈牙利军官们听到这里，带头鼓起掌来，会场上下笑意浓浓。

埃里克少将的这番言辞有亵渎祖国之嫌，但在此情此景下人们不会把注意力放在讲话的内容上，更无心去考证他所说的是否是真的，因为大家都被他机智有趣、亲切友好的言辞所感染。埃里克少将的幽默是一个成熟军人睿智的象征，是一种世界性的军营文化语言，这种幽默的效果比握手好上千万倍，异国军官们的隔膜在笑声中迅速消融，人际距离也大大缩短。当然，这

第一章　欢声笑语，幽默让你魅力倍增

种幽默方式并不拘泥于某种职业，你可以从对方可能感兴趣的各种话题入手，尽量逗笑对方。只要对方发笑，接下来的一切都会变得水到渠成、顺理成章。

有一次，英国首相威尔逊为了推行他的政策，在一个广场举行公开演讲。当时，大概有数千人在广场上聆听他的发言。突然，人群中有人扔出来一个鸡蛋，不偏不倚恰好打在威尔逊的脸上。安全人员赶紧去找那个闹事者，结果发现，扔鸡蛋的人竟然是一个小孩。威尔逊了解情况后，让他们把小孩放开，然后问了他的名字、家里的电话和住址，并让助手当众记下。

台下听众躁动了，议论纷纷。他们猜想，威尔逊是不是要惩罚那个孩子。这时候，威尔逊让大家保持安静，他镇定地说："在对方的错误里发现自己的责任，这是我的人生哲学。刚才，那位小朋友用鸡蛋打我，这种行为不太礼貌。可身为大英帝国的首相，我有责任和义务为国家储备人才。那位小朋友，把鸡蛋从那么远的地方扔过来，还打在我的脸上，说明他是一位很有潜力的棒球手。所以，我要记下他的名字，以后让体育大臣们重点培养他，为国家效力。"这番话说完，听众们哄然大笑，演讲的气氛也变得轻松起来。

幽默不仅是说话技巧，更是一种智慧，这种智慧中蕴含着一种宽容、谅解以及灵活的人生态度。美国的一位心理学家说过："幽默是一种最有趣、最有感染力、最具有普遍意义的传递艺术。幽默是一个人的学识、才华、智慧、灵感在语言表达中的闪现，是一种能抓住可笑或诙谐想象的能力，它是对社会上的种种不和谐、不合理的荒谬现象、偏颇、弊端、矛盾实质性的揭示和对某些反常规知识言行的描述。"

幽默
让你充满魅力

在第二次世界大战将要结束的时候，东西方的首脑在埃及开罗召开会议。某一天，美国总统罗斯福急着找当时的英国首相丘吉尔商洽要事，便径直驱车前往丘吉尔的临时行馆。

久居阴冷潮湿的英国，丘吉尔对于开罗干燥闷热的气候难以适应，尤其日间的气温在四十摄氏度以上，更令他无法忍受。几乎整个白天，丘吉尔都把自己泡在放满冷水的浴缸中消暑。

当罗斯福匆匆赶到时，丘吉尔的随从来不及挡驾，只好通报丘吉尔赶紧着装和美国总统会面。罗斯福直接闯进了大厅之中，找不到丘吉尔，耳中听到旁边一个小房间传来丘吉尔的歌声，罗斯福顺着声音找了过去，正好撞见躺在浴缸中一丝不挂的英国首相。

两个大国的元首在如此尴尬的情况下见了面，罗斯福马上开口道："我有事急着找你，这下子可好了，我们这次真的能够坦诚相见了！"

丘吉尔也立即做出反应，他在浴缸中泰然自若道："总统先生，在这样的情形下会面，你应该可以相信，我对你真的是毫无隐瞒的。"两位伟大领袖人物的睿智对话，轻松地化解了一次外交史上最难堪的场面，并在后世传为美谈。

言语表达幽默生动，是一个人智慧的表现，有利于取得良好的沟通效果。在交往中，幽默语言如同润滑剂，可有效地降低人与人之间的"摩擦系数"，化解冲突和矛盾，并能使我们从容地摆脱沟通中可能遇到的困境。

幽默大师卓别林曾经说过："幽默是智慧的最高表现，具有幽默感的人最富有个人魅力，他不仅能与别人愉快相处，更重要的是他拥有一个快乐的人生。"的确，幽默是沟通最好的润滑剂，培养幽默感有助于彼此的沟通。在通常情况下，真正精于沟通艺术的人，其实就是那些既善于引导话题，同时又善于使无意义的谈话转变成趣谈的幽默者。这种人在社交场上往往如鱼得水、左右逢源，可算是人际沟通中的幽默大师。

富有幽默感的人总是让人印象深刻并会受到欢迎。他能使枯燥的会议气氛变得活跃，朋友间的聚会更加红火热闹；让严肃的上司松弛板着的面孔，让拘谨的下属缓和紧张的心情。与他相处，不管是初次见面，还是久别重逢，都会让人感到轻松愉快。这样的人，怎么能不招人喜爱呢？

所以，学着适当地掌握一些幽默的技巧，给生活增添一道幽默和诙谐的色彩吧！

人的魅力能通过幽默展现出来

具有什么特征的人才更吸引他人呢？一般人会说出友善、热情、开朗、宽容、富有、乐于助人、幽默、有责任感、工作能力强等许多的特征，但相关专家提出：在这些所有特征中间，最重要的莫过于幽默。这并不是说其他的特征不可贵，而是说在人与人的交往过程中没有太多的机会展示那些特质。

假若把各种优良特质比作钻石的各个侧面，幽默感则是钻石直接面向我们的那一面，可以直接折射出智慧的光辉。

美国剧作家考夫曼在他二十几岁时有一万美元，这在当时可算是好大一笔钱。他的两位朋友——喜剧演员马克兄弟，建议他投资买股票。

于是，考夫曼投资下去，结果他这一万美元在1929年股票市场大跌中，全部泡汤了。

但是，考夫曼很豁达地说：任何人要是听了马克兄弟的话，把钱拿去投资，都活该泡汤。

幽默
让你充满魅力

这是何等的幽默，何等的气魄，何等的人格魅力！

幽默存在于生活的方方面面，我们不得不承认，一个善于运用幽默的人是魅力十足的。一位心理学家告诉我们："如果你能使一个人对你有好感，那么，你也就可能使周围的每一个人，甚至是全世界的人，都对你有好感。只要你不是到处和人握手，而是以你的友善、机智、风趣去传播关于你的信息，那么空间距离就会消失。"

幽默的特点就是令人发笑，使人感觉快乐、欣悦和愉快，把这一特点运用到社会生活中，就会得到意想不到的效果。

假设在一家餐厅里，一位顾客点了一杯啤酒，却赫然发现啤酒里有一只苍蝇。

如果他是英国人，他会以绅士的态度吩咐侍者：请换一杯啤酒来！

如果他是法国人，则会将杯中啤酒倾倒一空。

如果他是西班牙人，他就不去喝它，留下钞票，不声不响地离开餐厅。

如果换作日本人，他会令侍者去叫餐厅经理来训斥一番："你们就是这样做生意的吗？"

如果是阿拉伯人，他会把侍者叫来，把啤酒递给他，然后说：我请你喝……

如果他是美国人，则会向侍者说："以后请将啤酒和苍蝇分别放置，由喜欢苍蝇的客人自选将苍蝇放进啤酒里，你觉得怎么样？"

美国人的这种表达不满的方式就是一种幽默的艺术。

幽默是一门艺术，懂得如何收集、开发、运用幽默的资源，就知道如何面对纷繁复杂的人生。有生活经验的人都会认识到以幽默面对人生困难的重要性。

深受美国人民爱戴的美国总统林肯其貌不扬,这可能是获得人们喜爱的一个障碍。林肯认识到了这一点,并没有回避,反而利用它拉近了与人们的距离。

一次,林肯的政敌说林肯是两面派。林肯以平和的态度说:"现在,让听众来评评看,要是我有另一副面孔的话,我还会戴这副难看的面孔吗?"

适时又恰当的幽默,不仅显示了林肯的达观,更体现了他的真诚,表露了人们所需要的人性和人情味,从而赢得了人们的理解和支持。

人的幽默感是心智成熟、智能发达的表现,是建立在人对生活的公正、透彻的理解之上的。理解生活应当说是高层次的能力,在此基础上,才能形成更好的生活的能力。

通常从某种意义上说,培养自己的幽默感,也就是培养自己的处世、生存和创造的能力。有较强生活能力的人,通常也是一个有影响力和感染力的人。

一个人是否有影响力,在一定程度上取决于他是否具有幽默感,是否掌握了幽默的艺术。

有一次,朱丽娅去参加同事的生日聚会,和许多素不相识的同龄人一起为寿星玛丽祝福。其间,主人在招呼客人时,一不小心将一盆热水打翻,刚巧全洒在了朱丽娅的脚上,把她那双新皮鞋泼湿了。主人不知所措,十分愧疚地看着她。

幽默
　　让你充满魅力

　　朱丽娅却非常从容、镇定地说："哦，玛丽，下次准备足浴以前一定记得提醒我先脱鞋。"

　　顿时，众人的目光都集中在这位相貌平平的女孩身上，都被她的处乱不惊和机智幽默所吸引。

　　有位哲人说过："再美丽的人随着年华的流逝都会黯然失色，但岁月只能风干肌肤、佝偻身材，而因睿智和幽默增添的魅力却不会减去分毫。"幽默就是我们每个人都可能使用的增加个人魅力的手段。

　　一个掌握了幽默艺术的人，他的幽默语言和行为会一传十、十传百，成倍地扩展。如果幽默的语言行为中有他的思想、观点，那么，就会有很多人来传播他的思想、观点。幽默的涟漪或效果一旦产生，你所要传达的信息也随即被他人接受。无论他人是反对还是支持，至少他已了解你的想法，于是你的影响便由此而产生。

　　幽默是一门魅力无穷的艺术。它以特有的魅力吸引着无数人，使人们为之倾倒。世界各国的人都以其特有的方式体现着他们的幽默智慧，展示着他们的语言魅力。

幽默是一种灵活机智的交流态度

　　幽默不是老老实实的文字，它是运用智慧、聪明与种种搞笑的技巧，使人读了发笑、惊异或愉悦，并能从中受到教育的一种能力。幽默不仅是智慧的迸发、善良的表达，它更是一种胸怀、一种境界。正如作家王蒙所说："幽默是一种成人的智慧，一种穿透力，一两句就把那畸形的、讳莫如深的东西端了出来。既包含着无可奈何，更包含着健康的希冀。"

第一章　欢声笑语，幽默让你魅力倍增

有一天，萧伯纳在街上行走的时候，突然被一个骑自行车的冒失鬼撞倒在地，他爬了起来，看到自己并没有受伤，只是衣服被剐破了一点儿。骑车的人看到这个情形也松了一口气，但还是急忙道歉。萧伯纳充满惋惜地说："先生，你的运气不佳，如果你这次不小心把我撞死了，那么你就可以名扬四海了！"

还有一次，萧伯纳因脊椎病去医院检查。医生说："我想到了一个办法可以根治你的脊椎病，可以从你身上其他部位取下一块骨头来代替那块坏了的脊椎骨，这样就不用那么麻烦地吃药了。只需要一个手术而已，但是这个手术对我们而言是一个巨大的挑战，因为这种手术我们从来没有尝试过，所以相对而言有些难度，而且手术的过程中你也要承受巨大的痛苦。因为这个手术史无前例，所以在收费上我们也要高点儿，不会等同于一般的手术。"

萧伯纳听了医生的介绍后，淡淡地一笑说："好呀！不过请告诉我，你们打算付给我多少手术实验费？"

一个很棘手的问题被萧伯纳的一句话极其巧妙地处理了，避免了不愉快的争执。这就是幽默所带来的效果！

幽默是一种灵活机智的交流态度，是一种洒脱豁达的处世风格，也是应用在与人交往中的一门复杂艺术。幽默的话语可以在心与心之间搭起一座沟通的桥梁，消除人与人之间的疏离感和陌生感。社会交际中，将幽默感这种神奇的力量注入自己的语言里，能使自己更富有人情味，更容易与人沟通。

小董去一家公司应聘某职位，经过筛选，最后只剩下两个候选人，难分伯仲。老板对他进行面试时，问了他一个问题，要他评价一下罗纳

幽默
让你充满魅力

尔多和乔丹，说说哪个更厉害。

小董很从容地回答道："我觉得他俩都没我厉害！"

然后他向老板解释："哈哈，要是我跟罗纳尔多打篮球，跟乔丹踢足球，看看到底谁更厉害！"

老板当时就乐了。结果，小董被那家公司录用了。

幽默不是深思熟虑的产物，而是随机应变、自然而成的结晶，它往往与快捷、机敏相连。幽默是智慧和风格的自然流露，而不是智慧和风格的外在包装。幽默是一种睿智，在生活中，每一句幽默的语言都是一个可贵的闪光点。

法庭上，律师正在盘问做证的警官："你有没有看到被告在案发现场？"

警官回答说："我没有看到，我是从搭档那儿知道的。"

律师接着问："那么你相信你的搭档吗？"

"当然。"

"你在警察局有自己的更衣箱吗？"

"有啊。"

"你每天去巡逻前都把它锁上吗？"

"是的。"

"既然你那么相信你的搭档，为什么还要上锁？"律师得意地问。

警官镇静地回答道："因为警察局里不仅有警察，还有许多律师走来走去。"

幽默是一种智慧的表现，它可以化解许多人际的冲突或尴尬的情境，能

第一章　欢声笑语，幽默让你魅力倍增

使人化怒气为豁达，亦可带给别人快乐。

心情沉重的人是笑不出来的；充满狐疑的人，话里肯定不会荡漾着暖融融的春意；整天牵肠挂肚的人，话里肯定有着化不开的忧郁。只有心怀坦荡、超越了得与失的大度之人，才能笑口常开，妙语连珠，话中总是带着对他人意味深长的关爱，带着对自己不失尊严的戏谑。

人们都喜欢听幽默的语言，就像喜欢听动人的音乐、欣赏美妙的诗篇一样。我们和谈吐幽默的人在一起，往往就像置身于蔚蓝的大海边或壮美的大山中一样让自己陶醉。幽默风趣的人，是生活中的一道最亮丽的风景线。

一位少妇对她的丈夫说："亲爱的，住在咱们家对面的那个男的，总是早上出门前吻他的妻子，晚上回家一进门也会先吻她。难道你就不会这样做吗？"

丈夫回答道："当然可以，不过我跟她还不是太熟。"

这个聪明的丈夫巧妙地把自己的妻子换成了对门的少妇，偷换了概念，在不经意间显露出机智的幽默。

人生有许多无奈，生活中诸事繁多，岂能尽如人意？但幽默却能让你"笑看天下古今愁，了却人间许多事"。由此看来，运用幽默，并不单单靠智慧和口才，还要有知识底蕴，更需具备旷达超脱的生活态度。要知道：幽默感是可遇而不可求的，它是思维的火花、智慧的结晶，是长期积累的结果。

幽默是智慧的产物。如果把幽默比拟成一个美人，她应该是内涵丰富、艳若桃花、气质如兰的，她应当能给人带来愉悦的享受。她比滑稽更有气质，也更加耐人寻味。

幽默
让你充满魅力

1959年，尼克松以美国副总统身份访问苏联，在一次会谈中，赫鲁晓夫质问尼克松，美国国会为何在不久前，通过了一项敌视苏联的《关于被苏联支配和奴役国家的决议》。霎时间，会谈的气氛紧张起来。

赫鲁晓夫生气地说："美国的这项决议，是对苏联的严重挑衅。我想要知道的是，美国下一步是否就要发动战争。"尼克松说："这项决议只是表达了我国的一些看法，并不是一项战斗号令，好了，我们接着谈其他问题吧。"

赫鲁晓夫又反问："我同意总统的意见，我们不该来回总谈一个问题。不过，我还是要弄清楚，贵国国会为什么要在这样重要的国事访问前通过这么一项决议？"

赫鲁晓夫怒容满面，又喊叫了一阵，让翻译说："这项决议太臭了，臭得就像马刚拉的屎，没有什么东西比那玩意儿更臭了。"

如果此时尼克松说，你的言辞更臭，或者说，你们苏联的决议才像马粪一样臭，就显得缺乏力量，更显得缺乏政治家的才智。

尼克松想起了赫鲁晓夫年轻时当过猪倌，于是，他看看赫鲁晓夫的眼睛，平心静气、幽默风趣地说："恐怕主席先生说得不完全，还有一样东西比马粪更臭，那就是猪粪。"

尼克松既避免了正面的冲突，同时也柔中带刚地回击了赫鲁晓夫。一句幽默的话语，就可以叫人产生灵感，从困境中走出来。这就表现出了尼克松的幽默智慧。

幽默是一种言语或行动，它不是刀枪剑棍、武林绝技，也不是排山倒海的兵力，而是智慧与知识的综合。在智慧、知识之力的辉映下，幽默也就具有了化险为夷的魔力。当你处于四面楚歌的危急情境、处于受人非难的尴尬处境，幽默都能给你转败为胜的力量。

第一章　欢声笑语，幽默让你魅力倍增

幽默的人走到哪里都受欢迎

幽默是人际交往中的吸铁石，可以将周围的人吸引到你身边来。幽默也是转换器，可以将痛苦转化为欢乐，将烦闷转化为欢畅。每个人都喜欢与机智幽默的人做朋友，而不愿与忧郁沉闷、呆板、木讷的人交往。

作家纪伯伦曾说过："大智慧是一种大涵养，有涵养的人才善于学习。我们从健谈的人身上学到了幽默。"幽默的谈吐，是社交场合必备的智慧，幽默风趣的人往往更受人欢迎。

某个盛大的自助餐酒会上，因为事先预备了各式各样的美酒，客人们全都赞不绝口。

某位被公认为酒仙的仁兄，在宴会一开始就在朋友之间来回地寒暄道："哦！对不起，在下先行告退了！"

当他一路来到女主人面前时，女主人知道此人是酒中豪杰，不禁诧异地问道："怎么，您要回家了呀！是不是有什么地方招待不周呢？""哦！不，不，我如果一开始喝的话，一定会分不出来东南西北的，所以我想先行告退……"

如果你也喜欢喝酒的话，你就会很容易看到这位仁兄的聪明幽默之处了。面对那么多的美酒，他当然是不愿意错过的，可是他又怕自己喝醉了以后会出丑，所以他就在喝酒之前为喝酒之后可能出现的情况做好铺垫，然后他就可以尽兴地享受美酒了，因为他明白主人当然不会因为他有可能喝醉而答应让他回去的。

幽默
让你充满魅力

幽默有助于社交活动，幽默的谈吐是社交场合必备的智慧。在成功的人际交往中，幽默能使人在不利的情况下保持快乐的心情，也能使周围的人与自己一同快乐。

有人说："博人好感者必善于幽默。"虽然这句话显得有点夸张了，但是，幽默在人际交往中确实起着不可小觑的作用。如果你想在交往中很快得到别人的友谊，就要善于运用幽默的力量。

一天，吴兰去赴朋友邓瑛的家宴邀请，由于是初次在家中请客，邓瑛的家人都显得有些紧张和拘束。

吴兰见状，幽默地说道："邓瑛邀请我来时，告诉我说：'你到了之后，只需用手肘按门铃即可。'我问她为什么非得用手肘按，她说：'你总不至于空手来吧？'"

这句玩笑话顿时把邓瑛和她的家人逗得哈哈大笑。

幽默是缓和气氛的良剂，在任何时候，任何场合，幽默都能帮你打开与人沟通的大门。

《趣味世界》的编辑雷格威尔也说过："原始人见面握手，是表示他们手上不带武器。现代人见面握手是表示我欢迎你并尊重你。以幽默来打招呼，则是有力地表示我喜欢你，我们之间有着可以共享的乐趣。"

现代幽默理论认为，幽默能在参与者之间产生一种强烈的伙伴感和一致对外的攻击性。幽默能一下子拉近两个人之间的感情距离，因为一起笑的人表明他们之间已经有了共同的兴趣、爱好，这是社交成功的第一步，也是很关键的一步。

有一次，一位教授带领一群学生深入山区做校外实习，沿途看到

第一章　欢声笑语，幽默让你魅力倍增

许多不知名的植物，学生好奇地一一发问，教授都详细地回答解说，一位女同学不禁停下了脚步，对着教授赞叹地说："老师，您的学问好渊博呀，对什么植物都知道得那么清楚！"教授回头眨了眨眼，扮个鬼脸笑道："这就是我为什么故意走在你们前头的原因了，只要一看到不认识的植物，我就'先下脚为强'，赶紧踩死它，以免露馅！"学生们听了，个个笑得人仰马翻。这位教授的幽默也使这次实习之旅成了一趟充满了笑声的愉悦之旅。当然，教授只是开个玩笑，幽默一下而已，这就是他广受学生欢迎的原因。

幽默宛如一座桥梁，是沟通人心灵的桥梁。

幽默者最有人情味，与这样的人相处，每个人都会感到快乐。

如果你希望有所成就，希望引人注目，希望社交成功，那么你就应该学会和别人来点幽默，共同地笑。幽默像春风一样，使愉悦充满两人的交际场中，表达着你的真诚和温情。

幽默是一个人魅力的体现，也是一个人的能力，更是一个人的品格。如果你具备了幽默的能力，那么，你就会发光，就会产生吸引力。

要想亲和力强，你少不了幽默

生活中有这么两种人，你更愿意与谁交往？

第一种：风趣幽默，总把微笑挂在脸上。当有人闷闷不乐时，他会有意无意地说个笑话，博人一乐；当气氛沉闷时，他会就地取材，逗人一笑；当大家背经文般寒暄的时候，他却不失时机地插科打诨，拉近彼此的距离。只要你不拘束，尽可以跟他说说笑笑。

幽默
让你充满魅力

第二种：缺乏幽默感，不苟言笑。当你们无聊地行走在楼宇之间的时候，他一言不发地低着头，像是捕捉"拾金不昧"的机会；当你同他拉家常的时候，他有条不紊地作答，比作八股文还枯燥；当你想从他的脸上捕捉笑意时，他却摆着一副"英勇就义"的面孔。哪怕经过长时间的磨合，你们的关系再熟，你也不敢跟他开玩笑，因为他随时有可能一反常态，弄得你极其尴尬。

相信大多数人还是愿意与前者沟通的，因为他们的话语会不断地扯动你的笑筋，让你分享到生活的乐趣，从他们身上你能感受到更多的亲和力。所谓亲和力是指"在人与人相处时所表现的亲近行为的动力水平和能力"。人的亲和力的高低常常取决于一个人的性别特征和性格特征，如有的人生来不爱笑，有的人从小不爱亲近人，有的人天性爱热闹……但是所有这些都不是最重要的，只要你还懂得幽默，你的身上就不会丧失亲和力。假若你缺乏幽默感，很不幸，它意味着你同时丢失了亲和力。

英国著名女影星玛丽很喜欢游泳。但她中年开始发福，最后竟没有勇气去海滩了。一次在记者招待会上一名记者问道："请问，您是否因为太胖、怕出丑才不去游泳了？"玛丽幽默地回答："我不是因为太胖才不去海滩，我是怕我们的空军战士在天上看到我后，误以为他们又发现了一个新岛屿。"玛丽在回答记者具有挑衅性的问题时并没有避开自己发胖的事实。相反，她巧妙地利用幽默，夸大其词，把自己比作一个岛屿，令记者大出所料。许多明星爱摆架子，装腔作势。而玛丽，用自嘲式的幽默，揭去虚伪的面纱，营造出亲切感，拉近了她和听众的距离，保全了自己的面子，又通过博人一笑，赢得了人心。

幽默能够增强你的亲和力。当你以幽默的方式与人接触之后，就会在他们心中形成一个光亮的形象。人们会乐意再次与你会面。所以有人说："幽

第一章 欢声笑语，幽默让你魅力倍增

默的人会发光。"这绝不是夸张。

有一位中学生在自己的日记中写道："叔叔的到来，使我们这个原本非常枯燥的房子充满了阳光。他有一种天生的魅力，对任何事情都很乐观。在他到来之前，爸爸妈妈和我，三个人待在家里，除了柴米油盐，就是看电视和睡觉，平平淡淡，毫无光彩。爸爸一向不愿意多说话，妈妈只是个不停忙上忙下的人。从他们身上，我感觉到生活好像只是时间的流逝。叔叔从老家来了，给我们这个三口之家注入了新的活力。他看问题奇特的视角、风趣的言谈、爽朗的笑声，就像一股春风，让这所单调乏味的房子变得富有生机。他是我见过的最幽默的人，他似乎总有讲不完的笑话。有一次在饭桌上，爸爸请他讲他在部队的事情。叔叔立即给我们讲了一个故事：他有一次带新兵训练，让大家在原地跑步，为了让大家的注意力更加专注，他请新兵们把原地跑想象为自己在骑自行车。他刚提出这个建议，就看见一个新兵立即停下来，一动也不动。叔叔问他为什么停下来，那位新兵说：'报告班长，我的自行车正在下坡。'听了这个故事，我们明明知道是假的，可是还是忍不住笑得前仰后合。我真希望叔叔能常住我家，永远不走！"

幽默是人际交往的润滑剂，幽默会拉近你与对方的距离，幽默会使你有亲和力，幽默会令别人发笑。当别人笑的时候，防卫就解除，心门就打开；当别人笑的时候，你就更容易输入信息到他的头脑里。

有一次，丘吉尔去一个部队视察。那天下雨路滑，丘吉尔走下讲演台时摔了个跟头，士兵们哈哈大笑起来。丘吉尔微笑着说："嘿，我的讲演还不如我刚才栽的跟头更加鼓舞人心！"作为首相兼总司令的大人物在这

幽默
让你充满魅力

种场合,如此坦诚、大度。领袖的幽默让战士们感到亲切、亲密,产生信任感,具有互动性,提高了演说的接受度,增强了斗志,鼓舞了士气。

幽默话语能让人觉得你平易近人,让人感到你和蔼可亲。这就是幽默的力量,它所散发出来的亲和力无与伦比,让他人不自觉地向你伸出温暖之手,让你在人生路上减少很多曲折。

有人形象地说:没有幽默感的语言是一篇公文,没有幽默感的家庭是一间旅店,没有幽默感的人是座雕像。是的,没有幽默感的人就是一座雕像,冷冰冰的,使人难以亲近。让我们学会幽默,给自己增添一份迷人的亲和力吧!

第二章　谈笑风生，
让幽默变成一种习惯

　　幽默好比温润细雨、潺潺流水、融融春光，它孕育着人与人之间愉快、祥和的气氛。如果我们的日常生活中能多一点儿幽默，少几分呆板，是不是会拥有更多生活的乐趣和对生活的热爱呢？

第二章　谈笑风生，让幽默变成一种习惯

让幽默成为一种生活态度

　　林语堂曾说过："幽默是一种人生的观点，一种应付人生的方法。幽默没有旁的，只是智慧之刀的一晃。"的确，幽默是以轻松的微笑来表达某些严肃的观点，幽默体现着一种人生的智慧，体现着乐观积极的处世方式和豁达的人生态度。幽默是社会活动的必备礼品，是活跃气氛的最佳调料。一个具有丰富幽默感的人，他的生活是多面性的。他好像有用不完的智慧，这些智慧表现在多方面的兴趣上。一个具有较强幽默感的人，表现出来的是充沛的活力和坚忍的意志，并且具有很大的创造力。发明家爱迪生就是这样的人。

　　爱迪生在发明电灯泡的过程中，试验灯丝的材料失败了一千多次，总是找不到一种能耐高温又经久耐用的好金属。这时有人对他说：你已经失败这么多次了，还要试下去吗？
　　"不，我并没有失败。我已经发现一千多种材料不适合做电灯丝。"爱迪生说。

　　爱迪生就是以这种惊人的幽默力量，从失败中看到希望，在挫折中找到鼓舞。这是他硕果累累的诀窍。
　　人生路上，总会有些不如意，总会有些无奈，而幽默这种特殊的情绪表现，可以淡化人的消极情绪，消除沮丧和痛苦；让我们寻回幻想和自信，让我们脱离尴尬的窘境，让我们的心态在沉重的压力下得到松弛和休息。
　　具有幽默感的人，生活充满情趣，许多看来令人痛苦烦恼之事，他们却

幽默
让你充满魅力

应付得轻松自如，使生活重新变得趣味盎然。

在英国约克郡，牙医约翰的墓碑上写道："我这一辈子都在忙着为人们填补蛀牙，现在这个墓穴得由我自己填进去啦！"

在美国佛蒙特州安诺斯堡的墓园里，有一块墓碑上写着："这里躺着我们的安娜，她是被一根香蕉害死的；错不在水果本身，而是有人乱丢香蕉皮。"还有一对夫妇为出生两周便夭折的孩子撰写的墓志铭颇令人回味："他来到这世上，四处看了看，不太满意，就回去了。"

这就是幽默：一种对世事的雍容大度，一种对人生的豁达感悟。

人生有许多无奈，生活中诸事繁多，岂能尽如人意？但幽默却能让你"笑看天下古今愁，了却人间许多事"。由此看来，运用幽默，并不单单靠智慧和口才，还要有知识底蕴，更需具备旷达超脱的生活态度。要知道：幽默感是可遇而不可求的，它是思维的火花、智慧的结晶，是长期积累的结果。

爱丽丝在一个公司里任接待员，她得应付访客、电话、杂事和老板，空闲的时间还必须打字。有时，某些自以为是的人打来电话，往往给她出难题：

"我要和你的老板说话。"

"我可以告诉他是谁来的电话吗？"

"快给我接你的老板，我马上要和他说话！"

"很抱歉。他花钱雇我来接电话，似乎很傻。因为十个电话中有九个是找他的。"

来电话的人笑了，然后把他的姓名及电话号码留给了她。爱丽丝既要知道是谁找老板，又不能得罪对方，只好采取这种看似自嘲的方式逗对方与她同笑，取得了皆大欢喜的效果。

第二章　谈笑风生，让幽默变成一种习惯

幽默是一种眼光，也是一种角度，是看世界的豁达眼光，是看人生的清新角度。芸芸众生所处的大千世界，不仅可以用好和坏来衡量，也可以用有趣与无聊、可笑与可悲来评判。

在幽默中，人们可以发现自己的荒唐、冥顽、滑稽可笑，也是一种积极的表现。在笑声中与世界成为朋友，在笑声中，一手拉着世界，一手牵着自我，乐观而豪迈地生活。

幽默不是超然物外地看破红尘，幽默是一种豁然乐观的人世，是一种积极的人生。

1962年，苏联著名雕塑家恩斯特·涅伊兹韦斯内与赫鲁晓夫发生了一场冲突。赫鲁晓夫痛恨一切现实主义艺术。有一次，他邀请大批作家、画家、雕塑家和记者到列宁山的宾馆聚会。宾主在愉快的气氛中酒足饭饱之后，主人谈艺术，越谈越激烈，开始骂人，他当众极不客气地指责涅伊兹韦斯内："您的艺术像什么？"他搜肠刮肚，寻找尖锐的比喻："对！就像您钻进了厕所的便桶，从那里向上张望，恰好看见一个上厕所的人的躯体的某一部分。这就是您的立场、您的艺术！"

后来，赫鲁晓夫死后，涅伊兹韦斯内接受赫氏家族的请求雕制了他的墓碑。在莫斯科新圣母公墓中，赫鲁晓夫的墓碑独树一帜，十分醒目。半块黑色大理石和半块白色大理石镶成一个对比鲜明的框架，正中是墓主人的头像。涅伊兹韦斯内说：

"死者曾当众侮辱我，使我在几年内心情郁闷。但我还是决定为他立碑，因为他值得我这么做。"

一块黑白相间的墓碑，镶嵌着历史的评价，也镶嵌着一个艺术家的良心和忘我境界，也算是雕塑家将赫鲁晓夫幽默了一把，反映出涅伊兹韦斯内真诚达观的人生境界。

幽默
让你充满魅力

幽默是对人生的一种顿悟。只有成为对人生顿悟的幽默高手，才能够使自己的心灵从欲望的桎梏中解脱出来，从而踏上潇洒快乐的人生之旅。

美国有一位传奇式的篮球教练，他叫佩迈尔。他带领的篮球队曾有过39次国内比赛冠军的佳绩。有一年，他的球队在蝉联29次冠军后，遭到空前的惨败。比赛一结束，记者们蜂拥而至，把他围个水泄不通，都想知道这位败军之将有什么感受。在接受采访时，他微笑着，幽默地说："好极了，现在我们可以轻装上阵，全力以赴地争夺冠军，背上再也没有冠军的包袱了。"

暂时的失败算得了什么呢？对于那些习惯幽默处世的人来说，就连在生死攸关的紧急关头都不忘开玩笑以放松周围人的神经，这时，幽默已经不仅仅是一种豁达的心境了，它更是一种高尚的情操。

一天早上，杰瑞被三个持枪的强盗拦住了。刚刚加入强盗行列的小伙子因为紧张而受了惊吓，对他开了枪。幸运的是，杰瑞被发现得较早，并很快被送进了急诊室。杰瑞从医护人员的表情中，得知了情况的危急。有个身强力壮的护士大声问他对什么东西过敏。杰瑞马上答，有的。这时，所有的医生、护士都停下来等着他说下去。此时，杰瑞深深地吸了一口气，然后大声吼道："子弹！"手术室里的人全被杰瑞幽默的语言逗乐了，经过18个小时的抢救和几个星期的精心照料，杰瑞出院了。所有照顾过他的医生和护士都对他的幽默念念不忘，因为在那样的场合，实在很难有人能做到如此镇定。

身处在困境中，乐观幽默也总是能鼓舞人的士气，让人对未来充满信心。

人们在心理上经常为这样的问题所困扰：别人是否真正喜欢我？如果你喜欢他们，并且常能与他们一同欢笑，常能给予他们所需要的，那么你就真的能得到你所需要的，并与他们建立起良好的关系。

在现实生活中，每个人都可能遇到被人取笑的尴尬场面，那么怎样才能摆脱这种窘境呢？狭隘、偏执的人可能会恼羞成怒、反唇相讥，结果只能使事态更糟；豁达、磊落的人则能顺势接过话题，以自嘲的方式将自己的笑料与众人分享，让大家得到快乐，从而在善意的笑声中化被动为主动。这种自嘲，其实正是一种最积极的态度。

总之，幽默是一种积极的人生态度，它使生活充满了快乐、温暖和希望。

幽默是豁达的人生哲学

林语堂在探讨"幽默"时有过妙绝之语："幽默是由一个人旷达的心性中自然而然地流露出来的，其语言中丝毫没有酸腐偏激的意味。而油腔滑调和矫揉造作，虽能令人一笑，但那只是肤浅的滑稽笑话而已。"

林语堂以他睿智的思想给我们阐释了幽默的真谛——旷达的心性、豁达的人生态度是生发幽默的源泉和土壤。那么何谓豁达呢？豁达是对于生命中的残缺保持一种乐观的人生态度，豁达是海纳百川的容人之量，豁达是超脱生活、超脱世俗的达观心态，豁达更是宠辱不惊、笑看人生的生活方式和处世哲学。

因为豁达，人才会换一个角度去看问题，无论悲喜苦乐，都不会被当成穿肠毒药；因为豁达，人才会心境坦然，平和地看待情怨爱恨；因为豁达，人才会敏锐地洞悉真假美丑，奏出幽默感的最强音。

巴尔扎克一生写了无数作品，还是常常不免穷困潦倒，手头拮据。有一天夜晚，他正在睡觉，有个小偷爬进他的房间，在他的书桌上乱摸。

巴尔扎克被惊醒了，但他并没有喊叫，而是悄悄地爬起来，点亮了

幽默
让你充满魅力

灯,平静地微笑着说:"亲爱的朋友,别翻了,我白天都不能在书桌里找到钱,现在天黑了,你就更找不到啦!"

在半夜时分有小偷光临,一般不会令人愉快,可是大作家巴尔扎克却与小偷开起了玩笑。幽默显现了一种宽阔博大的胸怀。有幽默感的人大多宽厚仁慈,富有同情心。

有一次,俄国大文豪托尔斯泰去火车站迎接一位来访的朋友。在站台上,他被一个刚下车的贵妇人误认为是搬运工,便吩咐他到车上为她搬运箱包。托尔斯泰毫不犹豫地照办了,贵妇人付给他5个戈比。此时,来访的朋友下车见到托尔斯泰,赶忙过来同他打招呼,站在一旁的贵妇人才知道这个为她搬行李的人竟是大名鼎鼎的托尔斯泰。贵妇人十分尴尬,频频向他表示歉意并请求收回那5个戈比,以维护托尔斯泰的尊严。不想托翁却表示不必道歉,和蔼地对贵妇人说:"你无须收回那5个戈比,因为那是我应得的报酬。"

幽默引起的不只是哄堂大笑,有时还有苦涩的微笑或含泪的强笑。幽默以悠然超脱或达观知命的态度来待人处世。这与那种以功利观对待人生的态度是格格不入的。

不是责难,不是谩骂,萧伯纳以幽默达观的态度对待冒犯者。

将世事看得超脱的人,观览万象,总觉得人生太滑稽,不觉失声而笑,在这样的不觉失声中,笑不是勉强的。

某年愚人节,有好事者出于戏弄的目的,在纽约的一家报纸刊载了马克·吐温不幸去世的消息。闻此噩耗,马克·吐温的亲戚朋友无不悲痛欲绝,纷纷从四面八方赶来吊丧。

然而,当他们走进马克·吐温的住所时,却没有感到任何悲凉气

第二章　谈笑风生，让幽默变成一种习惯

息。惊愕之余，他们竟看到马克·吐温正活生生地伏案写作。亲朋好友们这才恍然大悟：先前的一切不过是人为的恶作剧。于是齐声谴责肇事者的不良居心。

马克·吐温待大家平息下来后，很快弄清了事情的来龙去脉。然而出乎所有在场者意料的是，他不仅毫无愠色，反而幽默地说："报道我死是千真万确的，只不过把日期提前了一些。"

马克·吐温不愧为幽默大师，看似轻描淡写的一句，不仅让众人对虚假的报道一笑置之，更让人看到了其闪光的思想、平易近人的人格魅力，还有那灵魂深处的豁达品质。由此看来，幽默固然魅力无穷，幽默背后的那份豁达心境更是让人如沐春风。

诚然，幽默的语言似那动人的音乐，让人沉醉；幽默的谈吐似那美妙的诗篇，让人入迷。正如山泉之所以甘醇，是因为有厚重的大地在倾情酝酿；幽默者之所以不同凡响，豁达的心境才是真正的土壤。当一个人摒弃功利荣辱，摒弃世俗之见之后，思绪就更加恣肆飞扬，语言就更加耐人寻味。正如我们所熟知的那样，心情沉重的人，往往会死板着脸；满腹狐疑的人，话里多为冰封般的冷漠而匮乏浓浓春意……只有心怀坦荡、超越了得与失的豁达之辈，才会笑口常开，屡发惊人妙语，少不了对他人意味深长的关爱，也不乏对自己不失尊严的戏谑。

比如当有人说你"海拔不高"时，你不妨称自己"体积小魅力大，浓缩就是精华"；假若有人说"一朵鲜花插在了你这块牛粪上"，你不妨说"我很丑但我很温柔"；有人嘲笑你"年纪轻轻的就谢顶"，你不妨学学葛大爷的说法"热闹的马路上不长草，聪明的脑袋上不长毛"；即使你如刘墉一样背上扣个小罗锅，也不妨说你是"背弯人不弓"……

给自己一份豁达的心境吧，那么这份心境一定会像阳光般洒进你的语境中，你就有可能达到林语堂所说的"无意幽默，但却幽默自现"的境界了。

幽默 让你充满魅力

幽默的人都是乐观者

欢乐和笑声是人们生活中必备的良药,它使人们总能保持一种乐观的生活态度。只要幽默存在,就能使人放松心情,而唯有贤者才能在任何情况下都保持宽松的心境。

张强的情感之路十分不顺,恋爱屡屡失败。终于有一次他开心地告诉大家,一个女孩子答应和他约会了。见面后,大家关心地问他约会结果怎么样,他说:"成功了一半。""怎么是一半呢?"大家问道。

"因为我去了,她没去,还不是成功了一半啊!"本来大家都想安慰安慰他,但是见他这样乐观,朋友们也就没那么担心了,并声称都会留心为他挑选一位如意伴侣。

乐观主义者更善于运用幽默。他们对任何事情总是抱着乐观的态度,即使遇上困难和挫折,也把它看作上天的另一种恩赐,怀着感恩的心去接受现实。正因为这样,他们从不吝啬利用幽默的武器去直面惨淡的生活。

不为打翻的牛奶哭泣,不为一朵花的凋落而担忧失去整个春天,是乐观主义者的处世之道。

事实上,乐观主义者的心境澄明,积极乐观,总是能够从失意的生活中找到愉快的火花。在他们的世界里,没有悲观,没有失望,即使面对仲夏残荷,他们也会吟诵"留得残荷听雨声";即使面对秋末败菊,他们也会浅唱"菊残犹有傲霜枝"。无论生活怎么转变,幽默始终是乐观者的常规武器。也正是这份乐观,这份幽默,让他们记住的是生活中的快乐,忘却的是生活中的痛苦。

第二章 谈笑风生，让幽默变成一种习惯

迈克先生用攒了好几年的钱好不容易买了一辆汽车。有一次，他教太太开车，车下坡时，刹车突然失灵了。

"我停不下来！"太太尖声大叫，"我该怎么办？"

"祷告吧！亲爱的。"迈克先生也大叫，"性命要紧，不过你最好找便宜的东西去撞！"

车撞在路旁的一个铸铁垃圾箱上，车头撞坏了。然而他们爬出车子时，并没有为损失了一大笔财产而沮丧，反而为刚才的一段对话大笑起来。目睹此事的行人以为他们疯了，有人走过来问："你们想把车子撞坏吗？"迈克先生说："我太太看见了一只老鼠，她想把它轧死。"

虽然迈克先生和他的太太撞坏了昂贵的汽车，但是他们却获得了更大的财富。幽默可以让人在危难之时变得豁达和从容，幽默产生的时刻，也正是人的情绪处于坦然开放的时刻。幽默还能帮助别人和自己从烦恼中解脱出来，深具幽默感的人，能够将别人心中的阴霾一扫而光。

幽默和乐观是一对朋友，很难想象一个成天愁眉苦脸、忧心忡忡的人会有出色的幽默感。苏东坡有首词写道："竹杖芒鞋轻胜马，谁怕？一蓑烟雨任平生。"当一个人经济窘迫、生活潦倒时，倘若还能幽默的话，那他就是一个真正坚强、乐观的人。

北宋文豪苏东坡是一个可敬、可爱又可亲的人，他总能把自己的所见所闻化成幽默的语言，传达给周围的人，营造欢乐的气氛。在嬉笑之余，又能引起人们长久的回味和深思。

北宋时期，御史台的官僚们断章取义地诬陷苏东坡写的诗中有讽刺朝廷的句子，把他抓去坐牢。他被解救出狱后，又一再地被贬谪去偏远的地方做官。经过一系列变故后，苏东坡非常痛恨那帮官僚。有一次，大家欢迎他讲故事，他就当场编了一个新奇的故事，听得大家前仰

幽默
让你充满魅力

后合。他说:"昨夜,我做了一个梦,梦见两个峨冠博带的人找我,说海龙王请我去吃饭。我也确实很久没吃过饱饭了,听说请吃饭,心中很高兴,便冲涛踏浪,跟着他俩到了龙王的水晶宫。水晶宫里琼楼玉宇、百宝纷呈。龙王带着一大群臣僚还有嫔妃出来迎接我,他们说了许多称赞我的话。酒宴上满桌都是山珍海味,身边一个美人专给我斟酒。那美人身材窈窕,肤色白嫩,双目像太液池里的秋波,一闪一闪地瞅着我,身上散发着香气,使我神魂颠倒。正在这时,龙王让我为今日之幸会题诗。我当即提笔挥就,盛赞龙王功德和水晶宫里的豪华,并颂扬君臣的才学与嫔妃们的艳美。龙王高兴极了,夸奖我的文笔,赏赐了我大量的珍宝。正当我得意的时候,忽然一个丞相模样的大臣,低声告诉龙王,说我写的诗里有讥讽龙王的语气。龙王一听大怒,吩咐虾兵蟹将把我赶了出来。我一看这位丞相,原来是乌龟变的。唉!我又中了乌龟丞相的计啦!"

一个有幽默感的人,就应该有乐观豁达的性格,能够笑看天下古今愁。苏东坡就是这样,在幽默的谈笑中,曲折地发泄自己心中的不平怨气,忍耐艰难的遭遇,坚定自己的信心,如此还有什么样的困境能掩埋他的智慧和才华呢?这就是一种心态,一种"丈夫何事足萦怀"的心态。

老舍说"幽默是一种心态"。幽默不单单是能引人发笑,而且能带给人们一种心理上的轻松和快慰。幽默是对他人过失的原谅,是对周围环境的喜剧式调侃,也是对自我困境的一种自嘲和解脱。

一个日本旅行团在我国南方某省旅游,时值梅雨季节,他们觉得很扫兴,然而幸运的是他们遇到了一位善解人意、风趣幽默的导游。导游在车上说:"你们把雨从日本带到了中国,可雨在车外;你们把日本的太阳也带来了,它就在车厢里。"妙语一出,掌声一片。其中有位老妇人游武夷山时,由于裙子被蒺藜划破,泄气地坐在了地上。"老人家,

第二章 谈笑风生,让幽默变成一种习惯

您别生气,"导游和颜悦色地说,"这是武夷山有情,它请您不要匆忙地离去,叫您多看几眼呢!"这话疾风般吹散了老人家脸上的愁云,使她重新恢复了兴致。

我们都熟悉那个永远乐呵呵的大肚弥勒佛,他的信条是"大肚能容,容天下难容之事;笑口常开,笑世上可笑之人"。我们应该学学这位乐观的智者,在我们遇到烦恼的时候,不妨笑一笑,来点幽默,不要把它看得太严重。

美国总统西奥多·罗斯福是一位幽默乐观的人。有一次,他家遭窃了。朋友闻讯后,就写了一封长信加以安慰。

在给朋友的回信中,他这样写道:"谢谢你来信安慰我,我现在很平静,无所谓悲伤,因为没有让我伤心的理由:第一,贼偷去的是我的东西,而没有偷去我的生命;第二,贼只是偷去了我一部分东西,而不是全部;第三,最值得庆幸的是:做贼的是他,而不是我。所以,我更应该感谢上帝!"

在西奥多·罗斯福的生活里,乐观、幽默、幸福,自然而然地串成了一条钻石项链,每一颗都不可或缺,每一颗都弥足珍贵。这是西奥多·罗斯福为自己编织的人生礼物,也是为自己打造的人生财富。其实,在我们的生活里,只要你用心去拾起,又何尝寻找不到这三种宝石呢?也许,从你懂得幽默的那一刻起,你会惊奇地发现竟有那么的快乐和幸福相伴相随!

幽默 让你充满魅力

幽默心态让生活变得更美好

生活是五彩缤纷的。多姿多彩的生活给了我们太多美好的回忆和希望，使我们的生活充满欢声笑语，充满温馨浪漫。我们会从生活中享受到幸福和欢乐，感受到成功和进步，得到友谊和理解……

生活又是五味俱全，从不缺少辛酸。"月有阴晴圆缺，人有悲欢离合"，我们难免要面对烦恼和苦闷，难免要经历失败和挫折，难免要遭遇仇恨和误解……

当生活没有按照既定的理想轨道行进时，哭泣、消沉、心生怨恨于事无补，反而会给心灵牢牢地拴上一把锁。相反，学会幽默，用幽默细胞拉动心灵的琴弦，用幽默语言诠释生活中的苦与乐，就找到了开启心灵枷锁的金钥匙。

有一对夫妇带着一个6岁的孩子去租房子。他们看中了一处房子，可房东不肯将房子租给他们，原因是她喜欢宁静，从不将房子租给有孩子的人。

双方交涉无果，于是那6岁的孩子对房东说："您可以将房子租给我呀，我没有孩子，只有爸爸妈妈。"

小孩子天真烂漫，但是依照他们的思维说出来的话往往能够开辟出另一番天地，另有一番谐趣，让人忍俊不禁。孩子的幽默最简单，也最能让人开怀大笑。

练兵场上，连长正领着新兵们操练，连长喊"立正"，新兵们整齐

第二章 谈笑风生,让幽默变成一种习惯

地站在连长的对面。连长继续下命令:"向右看齐!"新兵们把头侧向了右边。

但是,连长看到有一个新兵却把头侧向左边,于是又喊了一遍:"向右看齐!"但那个新兵还是把头侧向左边。

连长有点儿恼火地问那个新兵:"你为什么向左看?"

那个新兵胆怯地说:"都向右看,我怕敌人会从左边冲上来。"

由此可见,幽默是一种天然的率真,是一种智慧的表现和心态的放松。如果你善于运用幽默的力量,能够主动地去制造幽默,那你的世界一定会充满欢笑。

有一次,美国钢琴家波奇在密歇根州的福林特城演奏,一上台他就发现到场的观众很少,还不到半数。他从心底感到非常郁闷和失望。

但是,为了调节气氛,为了不影响心情,只见他从容地走到舞台前面,对观众大声说道:"福林特这个城市一定很富有。要不然,为何你们每位观众都买了两三个座位的票呢?"

话音刚落,全场顿时一片笑声,洋溢着热烈欢快的气氛。波奇也露出了微笑,那个晚上,他用心弹奏了一曲曲动人心弦的美妙之音。

在这里,波奇独特的幽默艺术值得我们学习。即使遭遇困境,我们也要以独特的视角看待诸多不如意,以幽默的语言化解尴尬,这样一来,所有的苦闷就会在顷刻间烟消云散。

我国著名作家王蒙说:"幽默是一种酸、甜、苦、咸、辣混合的味道。它的味道似乎没有痛苦和狂欢强烈。但应该比痛苦和狂欢还耐嚼。"所以,苦闷的时候,我们不妨把幽默当成口香糖,清除掉"口里"的苦涩滋味。

有一位将军,打电话到某部队找人,他说:"喂,你好!"

幽默
让你充满魅力

在电话另一端的是一个士官之类的人,他没听出这位将军的声音,而是醉醺醺地说:"喂,你好吗?发生了什么事啊?我们找时间一起出去喝酒吧?"

这个将军在电话里拉开嗓门大吼:"你知道你在跟谁说话吗?住嘴!"

突然间,电话的另一端安静了好长一段时间,然后才听到士官开口问:"是谁在说话?"

将军说:"我是你们的将军。"

又是一个更长的沉默,然后另一端说话了:"你听得出是谁在跟你说话吗?"

将军说:"不知道,你是谁?"

这名士官说:"哦,你不知道,我太幸运了,再见!"

这就是幽默,它能够帮你把生活变得有趣、精彩,使你的人生富有诗意。生活不能缺少幽默,而幽默人生则是生活的一种极致境界。尤其在现代社会中,没有人不喜欢幽默、向往幽默和追求幽默的。因为幽默让我们的人生变得更简单、更快乐,让我们得以在简单中品评人生的情趣和真谛。

幽默是夏日里的清风,是严冬里的春色;幽默,是平庸中的高雅,是寂寞中的欢歌;幽默,是贫穷时的富有,是忧愁时的快乐。快乐的时候,需要用幽默给生活增添一缕阳光;苦闷的时候,更需要靠幽默打开心灵的枷锁。所以,当你忧愁和烦恼时,请用幽默驱散内心的阴霾,寻找新的光明;当你失败和挫折时,请用幽默唤回失去的自信,重塑希冀;当你仇恨和误解时,请用幽默补救受损的人格,化解心中的苦闷!

第二章　谈笑风生，让幽默变成一种习惯

幽默是自信的绽放

有人说：幽默是展示自信的舞台。幽默的人都是积极乐观的人，都是达观超脱的人，都是宽容平和的人，都是对生活充满信心、对自己充满信心的人。幽默是一个人生活态度的反映，是对自身力量充满信心的表现。一个人只有对自己的前景充满希望，才能发出由衷的笑声，即使暂时处于逆境，仍能对生活充满信心，在生活中发掘幽默，用笑声来熨平生活留下的伤痕。相反，那些整天愁眉不展的人，看不到生活中的希望，只看到痛苦和绝望，所以他们整日生活在自卑消沉中。这样的人，谈吐之间有何幽默可言呢？

一位身材矮小的男老师走上讲台时，学生们有的面带嘲讽，有的交头接耳、暗中取笑。如果这位教师这时用严肃的目光扫视一下，自然也能挽回面子，再历数矮个多奇人、多伟人，或许更能奏效。然而，他说："上帝对我说：'当今人们没有计划，在身高上盲目发展，这将引来严重后果。我警告无效，你先去人间做个示范吧。'"

此妙语一出，足见这位男老师的自信，其睿智与幽默，成功化解了个儿矮的难堪。结果，学生们佩服他的诙谐，心悦诚服，忘记了他身材的缺陷。

自信的人能够以一种幽默的态度面对具体的生活，包括生活中的失意、紧张和挫折；自信的人也能够自然地发现生活中的幽默，能够在自己或别人身上发现并欣赏幽默。幽默是一种自然而轻松的态度，也是一种敏感和智慧的表现。

一位大学生走进一家报社问道："你们需要一位好编辑吗？"言下

幽默 让你充满魅力

之意,自己当然就是"好编辑",言语中透着满满的自信。

"不。"拒绝是那么干脆。

"那么,好记者呢?"言语还是那么自信。

"不。"拒绝还是那么干脆。

"那么,印刷工如何?"依然自信。

"不。"看来是没戏了。

"可是,那么你们一定需要这个东西。"这位大学生从公文包中拿出一块精美的牌子,上面写着"额满,暂不雇用"。报社主任笑了,但也开始用一种新的眼光来审视面前这位年轻人。最后这位年轻人被录用到报社的发行部工作。

试想,若没有足够的自信,他又怎能幽默应对呢?因为自信,他懂得利用自身的信心与心理优势,结合自身的幽默感,在谈话的临场发挥中,轻松地面对谈话对方,以自信心和幽默感来感染、俘获对方,以达到预期的目的。

幽默是展示自信的广告牌。爱默生又说:"自信是成功的第一秘诀"。那么我们不妨乐观地做一个逻辑推断:幽默者更接近成功!

事实上也是如此,幽默的力量能让人距离成功更近一步。这有两方面的原因:从自身的角度而言,在心情不佳的时候,幽默可以使你变得快乐,有条不紊地处理问题;从交往的对象而言,他们更喜欢与轻松幽默的人沟通,当你自信地施展幽默魅力时,当你尽展口才技巧时,其实也是在博取他们对你的喜爱。所以,当你向他们敞开心扉的时候,他们也会向你敞开机会之门,让你获得更好的发展。

既然幽默有如此神奇的力量,那么当你下次遭遇尴尬时,比如说好不容易做好的发型突然塌了下来,在众人面前,你大可不必窘迫得想找个地缝儿钻进去。你完全可以换种方式,以幽默轻松的口吻对他们说:"噢,一定是早上当我想拿吹风机时,错拿了电动搅拌器。"这时候,大家不仅不会过多

第二章　谈笑风生，让幽默变成一种习惯

地评价你的头发，反而会被你自信的幽默感转移注意力，会对你接下来的谈话产生浓厚的兴趣。记住，幽默感不仅考量着一个人的智慧，也考量着一个人的自信心！

幽默是阳光生活的必备品

有位哲人说过："幽默是我们最亲爱的伙伴。我们的生活需要幽默，我们的人生需要幽默，一个社会更不能没有幽默。没有了幽默，生活将会变得单调而缺乏色彩，岁月将会变得枯寂、干涸。幽默给予我们的是源源不断的甘泉，它滋养着我们的心灵，润饰着我们的生活。幽默使我们在黑暗中看到光明，在绝境中看到希望。它是寒冬里的一盆炉火，它是窘迫时的一个笑容……幽默美妙而又神奇。"

我们每个人都是社会人，都有交往的需求和被需求，而正是这种双向的需求促进和推动着人们之间广泛的社会交往。在社会交往中，语言是一种重要的交流工具，而幽默，就是"润滑"生活、降低交往阻力的最有效的工具。

现实生活中，我们常常可以看到，在双方争论得言辞激烈、剑拔弩张、僵持不下时，往往由于一方突然冒出的一两句幽默的话语，使可能引发的争吵烟消云散。

公交车上人多，有一名乘客没有听见站名，错过站的他便慌慌忙忙敲车门，大喊："售票员，下车！"而售票员正在酝酿几句奚落的话语，一位乘客及时插嘴："售票员不能下车。售票员下车了，谁卖票呢？"于是，乘客报以微笑，售票员也变得和颜悦色了。

幽默
让你充满魅力

幽默就像一块神奇的磁铁，能在沟通交际中发挥特殊的吸引力。幽默地表达自己的不满，既可以达到目的，又能使对方不致因此而颜面扫地。

某人去饭店吃饭，他对服务员和厨师不太满意，但并没有过多地抱怨与指责。结过账之后，他对服务员说："把你们老板叫来！"

服务员不解，但还是把老板喊过来。

老板来到客人面前时，客人对他说："老板，我们拥抱一下吧！"

"拥抱？"老板听他此言一头雾水，感到莫名其妙，就问："为什么？"

"和你最后告别，以后你再也见不到我啦！"

人与人交往时难免会有摩擦，有摩擦时就得需要一点儿润滑剂来减少摩擦，而最好的润滑剂就是幽默的语言。它不仅可以消除紧张气氛，有时还可以使整个事件峰回路转、柳暗花明。

一位车技不高的小伙子，骑车时见到前边有个老人，连声喊道："别动，别动！"那老人站住后，还是被他撞倒了。小伙子赶忙扶起老人，连声道歉。老人幽默地说："原来你叫我'别动'是为了瞄准呀！"

由于有了幽默、洒脱的态度，矛盾被巧妙化解了。

有一对夫妇去参观新潮美术展览，当他们走到一幅仅以几片树叶遮掩着私处的裸体女像油画前的时候，丈夫很长时间不肯离开。妻子忍无可忍，狠狠地揪住丈夫道："喂！你想站到秋天，等待树叶落下来才甘心吗？"

此时的幽默是滑润干涩的高质润滑剂，是托起爱情之舟的安全气垫。

第二章　谈笑风生，让幽默变成一种习惯

幽默能使我们消除烦恼，化解痛苦，幽默还能美化、"乐化"我们的生活，为生活增添笑声，使生活变得五彩斑斓。

青年人举行婚礼是人间美事，可下面这位小伙子用幽默使其婚礼锦上添花。

小伙子姓张，新娘姓顾，他借着两人的姓做了一次令人叫绝的恋爱经验介绍：

"本新郎姓张，新娘姓顾。我们尚未认识时，我是东'张'西望，她是'顾'影自怜。后来我'张'口结舌去找她，她说她已有所爱，我'张'皇失措，劝她改弦更'张'，她说现在只好'顾'此失彼了。我大'张'旗鼓地追求她，她左'顾'右盼地等着我。认识久一点，我就明目'张'胆，她也无所'顾'忌。于是，我便请示她择吉开'张'，她也欣然惠'顾'。"

小伙子句句挂"彩"，调侃令人喜笑颜开。在这里，幽默是幸福之花、欢乐之果，是刚启封的美酒，是暖融融的春风。

同样，在家庭里幽默的调和作用更是不可或缺的。居家过日子不可避免地要面对许多烦琐的事情，有时免不了还要碰上点儿麻烦。要想把这一切都处理好并非易事，但是假若在日常生活中，夫妻之间能增加一点儿幽默，活跃一下气氛，完全可以避免许多不必要的摩擦和争吵。

妻子发现丈夫和某女性朋友在餐厅喝咖啡，吃醋不已，并大闹起来。丈夫将妻子拉回家，劝她说："只是朋友之间联络感情，不是你想象的那样。"

妻子哭着说："联络感情？你为什么不带我去联络感情？"

丈夫无奈地说："我带你去联络感情，让她到家里来泡咖啡，你愿意吗？"

幽默让你充满魅力

妻子不相信，说："你就是有问题了！为什么你现在牵我手的时候没有以前那么深情？"

丈夫说："我自己拉自己的手，还要什么深情？"

妻子哭着说："你对我一点儿感觉也没有了。"

丈夫说："那当然了，你已经是我的左手了，是我身体的一部分，虽然我不特意去想着它，但我根本离不开它，离开了我就成了废人，你说这只手重不重要？"

妻子想了一下，破涕为笑说："你真坏！"

幽默可以传递一种爱，能使这个充满矛盾的世界变得轻松些，使人们变得快活些。难怪有人说："没有幽默感的家庭就像座旅店。"这话固然过于偏激，但却说出了幽默对于家庭的重要性。当夫妻间发生矛盾时，双方都应该撇开愤怒，抛弃争吵，试着去运用能直达人心深处的幽默力量。

幽默不仅可以润滑人与人之间的关系，而且也可以缓和紧张的生活节奏、调节枯涩的学习气氛或是缓解工作带来的压力。

一位老师上课，让学生背书，自己在讲台上批阅课后作业。忽见一学生作业潦草、错字连篇，老师大怒，喊该生到讲台上改作业。该生吃饭时好食蒜，站在老师身边嘴里味儿很大，老师说："往后站站。"由于下边的学生背书声音太大，该生没听明白，问老师："您让我干什么？"老师说："往后。"学生没动。老师又说："往后。"学生还是没动。老师火了："往后，听见没有！"该生还是没动。老师忽地站起来，刚要说话，抬头一看，惊呆了：该生在拼命地张大口！见老师站起来，该生活动活动嘴唇，委屈地说："老师，我的口实在不能张得再大了！"老师愕然，原来该生把"往后"听成了"张口"了。

"误会"如此之大，情节如此搞笑，老师此时笑还来不及，还会再生气吗？这样的"误会"在日常的生活和工作中不就是点缀吗？

幽默是生活的润滑剂。我们需要用幽默来调节生活、减少摩擦、消除隔阂，这样才能让生活中多一些欢笑与和谐，少一些争执、不快、叹息和悲剧。

不要小看幽默的疗"笑"

说幽默可以减轻病痛，也许你认为有点夸张，不过据美国芝加哥《医学生活周报》报道，美国一些医院已经开始雇用"幽默护士"，陪同重病患者看幽默漫画及谈笑，把它作为心理治疗的方法之一。因为幽默与笑声，往往可协助病人解少一些病痛。

幽默和笑是密不可分的，"笑"是幽默的产物。自古以来，我国就有这样的谚语"笑一笑，十年少""笑口常开，百病不来"，等等。有这样一个故事，正好印证了这些谚语：

我国清朝有位八府巡按，患上了疑难杂症，虽看过许多医生，都未见效。一天他因公坐船经过山东台儿庄，又犯起病来。地方官员即推荐一位当地有名的老郎中为他治病，郎中诊脉后说："你患了月经不调症。"巡按一听，顿时大笑，认为郎中是老糊涂了，医术根本谈不上高明，于是治病之事不了了之。此后，每当闲暇之余想起此事，他就忍不住捧腹大笑。奇怪的是，时日一长，他的病竟然不治而愈了。过了几年，巡按又经过台儿庄，想起那次荒唐的诊断，特意找来老郎中，想取笑一番。不料老郎中却说："你患的病没有什么良药可治。所以我当时只好运用古籍中提到的喜乐疗法，故意说你患了'月经不调症'，让你常发笑，达到治病的目的……"

幽默
让你充满魅力

从上面这个故事中，我们不难看出，幽默是一位好医生，可以让人心情愉快，促使病人尽快康复。

笑声的力量是无穷的，快乐的力量是无穷的，幽默的力量是无穷的！在实际生活中，当你患病、住院或遭受意外伤害时，幽默的确能够帮助你减轻痛苦。即使在最简单的情况下，幽默也能够帮助你改变生病时的烦闷心情。这一点你可以向下面这位生病的老妇人学习。她在幽默的诉说中减轻了自己的痛苦，也宽慰了朋友。

有一位老妇人在雪地上滑倒，摔了一跤，不但左臂骨折，更让她痛苦的是肩关节脱臼。但她还是能够笑着对朋友说："如果你有机会摔跤，宁愿跌断手臂，也要护住你的肩膀。"

的确，疾病对人造成的打击并不小，但一个有超脱、潇洒生活态度的人却不会因此而失去生活的希望和欢乐。

最新的医学研究发现，笑口常开也可以防治传染病、头疼及高血压等病，可以减轻过度的压力。因为幽默的笑声，可以增强血中的氧分，并刺激体内的分泌系统，对抵抗病菌的侵袭有很大帮助。而不爱笑的人，患病概率较高，且一旦生病，也常常是重病。

美国作家卡森斯曾担任《星期六评论》杂志的编辑。他长期日夜操劳，患了一种严重的病——结核体系并发症，这种病的症状是身体虚弱，行动不便，痛苦万分。虽然多方求医，但收效甚微，不少名医诊断其为不治之症。

后来，卡森斯听从了一位朋友的劝告，在除了必要的药物治疗外，决定采用一种奇特的幽默疗法。他搬离了医院，住进了一家充满欢乐气氛的旅馆，常常看一些幽默风趣的喜剧片，与一些风趣幽默的朋友进行

第二章　谈笑风生，让幽默变成一种习惯

交谈，听人们讲一些幽默的故事，使自己整天都处于一种轻松欢快、无忧无虑的状态，每天都出声笑上好一阵子。卡森斯发现，一部10分钟的喜剧片可以带给他两个小时无痛苦的睡眠。他还惊喜地发现，笑可以减轻发炎症状，而且这种"疗法"可持续很久。与此同时，他还辅以适当的营养疗法。几个月后奇迹出现了，卡森斯居然恢复了健康。

卡森斯总结自己战胜病魔的经验时，开出了一张"幽默处方"，并风趣地取名为"卡森斯处方"。其中有这样一些内容：

"请认清每个人都有内在的康复功能这个事实，具有内在的康复能力。利用笑制造一种气氛，激发自己和周围人的积极情绪。树立感受爱、希望和信仰的信心，并培养强烈的生存意志。"

这一处方的核心是以笑来激发生活的力量、生存的意志、康复的能力，进而恢复精力，战胜疾病。

生活经验和科学研究都证明，身体健康的重要保证是"心乐"。有健康的心理，才会有健康的身体。幽默常在，精神开朗，身体就容易康复；反之，如果忧愁悲伤，萎靡不振，疾病就会乘虚而入。

最近，经过对大约5.4万名挪威人进行长达7年的跟踪调查，挪威一家知名大学医学院研究员斯文·斯维巴克在匈牙利首都布达佩斯举行的一个医学研讨会上发布一份报告。报告称，拥有幽默感的成年人比缺少幽默感的人往往更加长寿，这种现象在癌症患者身上尤为明显。斯维巴克说，研究一开始，他们先让患者填写调查问卷，问题包括他们在现实生活中发现幽默的容易程度以及幽默视角的重要性等。后来，通过跟踪调查，他们发现幽默感在患者生活中发挥的作用越大，他们7年间生存下来的概率就越高。

在被调查对象中，排在最具幽默感前25%的成人，生存下来的概率比排在后面的成人高出35%。斯维巴克着重调查了癌症患者，结果表明，在2015名于研究开始时就被确诊为癌症的受访者中，极具幽默感的人与缺乏幽默感的人相比，死亡概率低七成左右。

幽默
让你充满魅力

为什么会出现这种结果呢？

相关专家给出了解释：具有幽默感的人往往更加乐观，在某一时间内发笑的次数更多。笑是一种精神保健操，三分钟的笑，能够代替十五分钟的体操。笑可以使人的呼吸运动加深，肺脏扩张，吐故纳新；可以使人胃的体积缩小，胃壁的张力加大，位置升高，消化液分泌增多，消化功能增强；还可以使人的心跳加快，血流速度加快，面部和眼球血流供应充分，使人面颊红润，眼睛明亮，容光焕发。

笑还是一种天然的镇静剂，欢笑能刺激脑部产生一种使人兴奋的荷尔蒙。它一方面能促使身体增加抵御疾病的能力，另一方面还能刺激人体分泌一种名叫"因多芬"的物质，这是人体自然的镇静剂，它能起到缓解人的紧张情绪、焕发精神、消除疲劳等作用。

所以，幽默是一种理想的养生方法，对人保持阴阳调和、身心健康、延年益寿都能起到无可替代的作用。在国内，许多受中医影响较大的年长者都深谙这一妙法。

幽默是有益身心的情感体验，是贴身又贴心的"好医生"。对于身体而言，它是治病良方，有病治病，没病预防，对养生也大有裨益。对于心理而言，它是优秀的精神按摩师，是便携的情绪转换器，是避免心理贫血的法宝。当你感到疲劳时，它会驱走你的劳累；当你心绪烦躁时，它会让你变得平和；当你异常紧张时，它会让你的神经得到松弛……幽默的疗"笑"如此神奇，难怪罗素说"笑是最便宜的灵丹妙药"。

第三章 引"笑"入耳，
幽默是这样练成的

幽默虽是一门高超的语言艺术，只有掌握方法和技巧，才能发挥出幽默的最佳功效。幽默的方法贵在耐人寻味，幽默的技巧妙在出乎意料。饱含寓意才会让人越想越乐，意料之外才会使人乐不可支。

第三章 引"笑"入耳,幽默是这样练成的

从偷换概念中获得幽默

所谓"偷换概念",是指把不同的概念当作同一个概念来使用,这是一种违反常规的逻辑错误。偷换概念有可能偷换思维对象,造成文不对题,因产生了违反常规的推理而使幽默的效果放大。

请看下面这个例子:

财主对伊哈说:"你来给我当雇工吧。"
"好哇,可你给我多少工钱呢?"
"工钱?我供你吃喝,供你住,供你穿,怎么样?"
伊哈一口答应,并写下了契约。
当天晚上,伊哈吃了些东西,躺下睡觉,一直睡到第二天上午十点钟,还没起床。财主大发雷霆,跑来训斥他:"喂,你想睡多久?我看你是发神经病了吧?"
"咱俩究竟谁发神经病?"伊哈说,"我吃了喝了,又住下了,现在遵照契约,正等着你来给我穿呢!"

在这个例子中,财主的意思是只管伊哈的吃、住和穿,而不付给他工钱,但伊哈却巧妙地偷换概念,改变其用意,用幽默和智慧战胜了吝啬、奸诈的财主。

关于偷换概念还有一则非常经典的生活实例:

有个富翁,左邻是铜匠,右邻是铁匠,成天叮叮咚咚吵得厉害。

幽默
让你充满魅力

富翁想过点清静的生活,请两家离开这里,于是,某天他特备一桌酒席宴请两位邻居,并在席间提出搬家的请求,左邻右舍都非常痛快地答应了。

两家都搬了家之后,叮叮咚咚的声音还是照常响起。原来两家互换,左边的搬到了右边,右边的搬到了左边。

富翁所说的"搬家"是指搬到远离他家的地方,可从字面讲,只要把住处挪到别处就算是搬家。这一偷换概念着实高明。

以上可以看出,偷换概念的关键在于一个"换"字,能否换得巧、换得妙,与幽默的效果有很大关系,首先,你得保证自己换的概念确实行得通,其次,让对方在听到你的话后,马上产生一种错觉——你把概念理解错了,再次,又得让他知道,你是故意这样做的。此时你再按你的思维继续发挥,你的道理也就表达出来了。

鲁迅在厦门大学担任研究院教授时,校长林文庆经常克扣办学经费,刁难师生。

一天,林文庆把研究院的负责人和众教授找去开会,提出要把经费削减一半。教授们一听,立刻起来纷纷反对:"研究院的经费本来就少,连研究成果的印刷费都付不出,绝对不能再减了。"

林文庆却不管大家的说法,神气活现地说:"关于这件事,不能听你们的,学校的经费是有钱人拿出来的,有钱人才有发言权!"

他刚说完,鲁迅立即站起来身来,从口袋摸出两枚银币,"啪"的一声放在桌子上,铿锵有力地说:"我有钱,我也有发言权!"

林文庆没有料到鲁迅会说这句话,弄得措手不及。鲁迅力陈研究经费不能减少的道理,一条条,一项项,有理有据,驳得林文庆哑口无言,只得灰溜溜地收回自己的主张。

第三章 引"笑"入耳，幽默是这样练成的

为什么其他教授的话不起作用，而鲁迅一席话却起了立竿见影的效果呢？显然鲁迅一开口的"有钱"起到了"威慑"作用。鲁迅就是巧妙利用两人"有钱"概念的不同，给林文庆当头棒喝，打乱他的阵脚，从而使对方在心理上先输了几分，最终达到了自己的目的。

类似的，作为艺术表现形式之一的幽默作品，也经常以此技法来致谐趣。如下面的小幽默：

亨利：一个人会不会因为自己没有做过的事情而受惩罚？
妈妈：当然不会。
亨利：挨骂呢？
妈妈：当然也不会。小宝贝，怎么啦？
亨利：真是太感谢了，我今天没做功课。

显而易见，在这类纯幽默作品里，"偷换"可以更放肆，因为偷换概念者并不受现实的交际情境和交际目的之类的约束，可以不讲逻辑。

因为在致笑机制上，偷换概念这个技法是在同一个词语上显示了截然不同的内容，两种并不相关的"情景"，所以符合幽默理论中双关与两歧的机理，让人在由此及彼的心理跌宕中体味了谐趣。

有这么一则对话：

顾客说："我已经在这窗口前面待了30多分钟了。"
服务员回答："我已经在这窗口后面待了30多年了。"

这个意味本来是比较深刻的，但是由于缺乏概念之间的巧妙联系，因而很难引起读者的共鸣。这看起来很像是一种赌气，并没有幽默的成分。

再来看另一段对话。

幽默
让你充满魅力

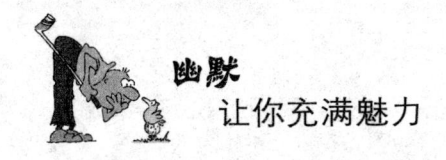

编辑说:"你的稿子我看过了,总体说还不够成熟,幼稚了些。"

作者回答道:"那就把它当作儿童文学吧!"

在这里,作者就是利用偷换概念法把自己从困境中解脱出来。他这样回答不但有趣味,而且又有丰富的意味让对方慢慢品味。因为被偷换了"儿童文学"的概念,不但有含蓄自谦之意,而且有豁达大度之气。

偷换概念的目的就是要把概念的内涵做大幅度的转移、转换,使预期失效,产生意外。偷换得越隐蔽,概念的内涵差距越大,幽默的效果也越强烈。上述的例子无疑都说明了这个道理。总之,要想让自己有幽默感,那么首先你就要学会偷换概念。

特别提示的是,在通常情况下,概念被偷换得越离谱,所引起的预期的失效、意外的震惊就越强,其幽默的效果就越明显;概念之间的差距掩盖得越隐秘,发现越自然,可接受的程度也就越高,就越容易引人发笑。切忌在包袱抖出来前就先说明你的道理,那样就全无"笑"果可言了。

正话反说也有幽默作用

说出来的话,所表达的意思与字面完全相反,就叫正话反说。如字面上肯定,而意义上否定;或字面上否定,而意义上肯定。这也是产生幽默感的有效方法之一。使用这种方法能够在不直接指明对方错误的基础上,使他们自我反省并认识自己的错误。

有个倒卖香烟的美国商人来法国做生意。一天,他在巴黎的一个大礼堂里举办一场"抽烟的好处演讲会"。邀请一些老烟民和收买一些"烟托"来参加,他正在台上讲得津津有味,突然,从听众里走出一个

第三章 引"笑"入耳，幽默是这样练成的

老人，连招呼也不打，就三步两步跳到台上，那位商人一见着实吃了一惊。

老人在台上站定后，便大声说道："女士们，先生们，对于抽烟的好处，除了这位先生讲的以外，我来补充三大好处，现在就讲给大家听听。

美国商人一听这话，立刻转惊为喜，连连向老人道谢："谢谢您了，先生。我看您相貌非凡，一定是位知识渊博的老人，请您快把抽烟的三大好处讲给大家听听吧！"

老人微微一笑，便讲了起来："第一，狗不敢咬！狗一见抽烟的人就会因害怕而逃跑。"台下一片轰动，商人暗暗高兴。"第二，不招盗贼！小偷不敢到抽烟人家里偷东西，而且抽得越凶，小偷越不敢。"台下连连称奇，商人更加欢喜。"第三，抽烟者永远年轻。"台下听众情绪振奋，商人更加喜形于色。

老人把手一挥又说："女士们，先生们，我还没有讲吸烟为啥有这三大好处呢？"商人也乐不可支地喊道："安静！安静！听先生继续给大家解释。"

只听老人说："抽烟人驼背的多，狗一见他们以为正要捡石子打它哩，它能不害怕吗？"台下的人笑了起来，商人吓了一跳。"抽烟人夜里爱咳嗽，尤其是大烟枪，更是咳嗽不断，小偷以为他没有睡觉，所以不敢去偷。"台下一听大笑，商人大汗直流。"抽烟人很少命长，能活过40岁的罕见。所以说抽烟的人永远年轻。"台下一片哗然，此时，大家一看商人不知什么时候已经逃走了。

正话反说就是利用相反的话语来表达本来的意思，与语言修辞中的反语修辞手法十分相似。正话反说可以表达含蓄幽默的意味，是制造耐人寻味的幽默效果的重要语言手段之一。普通的话语如果照着它的本来面目说出，会毫无新奇之处，丝毫没有幽默因素可言，给人的印象也比较平淡。但如果用

幽默 让你充满魅力

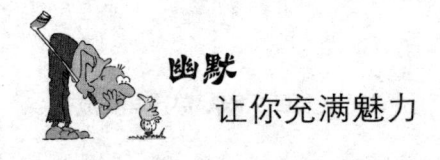

与之相反的话语表达出来，就会收到截然不同的效果。

已经下课了，可老师还在不停地讲课。有个学生眼睛不住地往操场上瞧。老师批评他说："你呀，人在教室，心在操场，这怎么行呢？"

学生听了说道："老师，让我人到操场，把心留在教室，好吗？"

这就是突破常规思维的正话反说。老师拖堂，学生一般都很反感，又不好说出来。这位学生却另辟蹊径，运用正话反说委婉地陈述了自己的意见，又不失幽默。

这种正话反说的幽默技巧以两种表达方式的语义对立为前提，依靠具体语言环境中正反两种语义的联系，以各种暗示性手段将相对立的双重意义向听众或对方巧妙地传达出来，让其听后能够顺利地理解本意，极具戏谑意味和幽默色彩。

杰克去喝咖啡，但端上来的咖啡差不多只有半杯，这时杰克笑嘻嘻地对咖啡店主人说："我有一个办法，保证叫你多卖出三杯咖啡，你只要把杯子倒满。"

杰克巧妙地运用正话反说的幽默来表达自己的失望感，却不致给对方带来难堪。也许杰克并没有喝到满满一杯咖啡，但杰克一定会得到友善、愉快的服务，咖啡店主人或许还会请杰克下次再光临该店。

正话反说的幽默重在选择合适的语言环境，但并非所有的语言环境都可以采用正话反说的办法逗人发笑。此种幽默对语言环境的要求是：应当能让听话者较容易地体会出正反两种语义的联系，知道讲话者所要表达的真实含义。此外，说话者还应当采取一定的辅助性手段来帮助听话者达到这个目的。例如语言符号、语调等。有时，故意拉大正反两种语义之间的距离会收到更好的幽默效果。

第三章 引"笑"入耳，幽默是这样练成的

正话反说，有时表面是肯定，实际是否定，在大起大落的语言变化中透示出诙谐的乐趣，因而达到言此意彼的语言张力。

一句幽默、风趣的反话，一句善意、巧妙的批评，不仅能够化解矛盾，增加了解，也是反驳、批评别人的有力武器。让我们来看下面的这个故事。

一次，歌唱家帕蒂拉举行独唱音乐会，可钢琴师在伴奏时，竟然只顾着自己表现，时不时盖过了帕蒂拉的歌声。帕蒂拉几次暗示，但钢琴师都浑然不知。

演唱会结束后，帕蒂拉走到那位钢琴师跟前，热情地跟他握手，并极其谦虚地说："先生，今天我很荣幸能参加你的钢琴独奏会，并且能用我的歌声为您伴奏，特此向您表示衷心的感谢！"

钢琴师在歌唱家的独唱音乐会上喧宾夺主，这是一件很不礼貌的事情。为此，帕蒂拉也难免恼火，可他不好直接批评，便反话正说，热情地把该批评的话通过表扬的形式表达了出来，让钢琴家在受到莫名其妙的表扬后，自觉去反省自己的失礼。如果你也遭遇这种问题，也可以尝试这种反话正说法，把话说得委婉一些，可以人为地拉开话题与对方之间的距离，弱化对方的不满和对自己的不利影响，给彼此留有一个缓冲区。

正话反说主要的特点就在于：说者用反话表达本意，使反语与本语形成交叉，相映成趣，以语言环境和辅助性语言手段让听者获取有关自己本意的信息。

有时故意使用正话反说的幽默，能够活跃谈话气氛，使人情绪放松，消除一些不必要的紧张心理，还能为摆脱尴尬境地提供台阶。一个极富幽默感的人，懂得在不同的场合中如何灵活地运用这种幽默。

一次，苏联领导人赫鲁晓夫访问南斯拉夫，铁托及一些高级官员一同前来迎接。

幽默
　　让你充满魅力

　　在迎接的官员中，有一名高级官员十分反感赫鲁晓夫，出人意料地提出了挑衅性的问题。他对赫鲁晓夫说："俄国和斯大林对我们干了许多坏事，所以我们今天很难相信俄国人。"

　　气氛一下子紧张起来，冷场片刻之后，赫鲁晓夫走到这名官员跟前，拍着他的肩膀对铁托说："铁托同志，如果你想叫谈判失败，就任命这个人担任谈判代表团团长吧！"

　　赫鲁晓夫说完哈哈大笑，场内的紧张气氛得以缓和。

　　正话反说式的幽默，非常适合运用到政治场合。当政治家们在发生尴尬、遭遇不好应付的事情时，就可以采用这种幽默方法，主动从事物的另一面入手，转换思维方式，另辟蹊径，不仅可以化解尴尬，还可以就此表达自己的真正意愿。这种政治幽默在社交场合也可使用，不会显得庸俗，更不会损害你的形象，反而能适时地表现你的风度、素养，赢得对方的好感，让人在忍俊不禁中领会你的真正含义。

　　总之，借与自己意图相反的话语来表示出真正的意思，使二者形成强烈的反差，幽默就在这反差中喷薄而出。正话反说因此也就是一项极为常用的幽默术了。

利用歪解原意制造幽默效果

　　如果人们在任何场合的交际中，都是有一说一、有二说二，没有任何的创新和变化，也没有奇巧和怪诞，要想取得幽默的效果是很难的。假如我们就某种现象进行说明或者就某个问题进行辩解时，讲出了别人没有想到的奇妙歪理，给人一种新奇的心理体验，相信一定能使人眉开眼笑、精神不禁为之一爽。用似是而非的荒唐道理去解释某种现象或问题的幽默方法，即是

第三章 引"笑"入耳，幽默是这样练成的

"歪解法"。

父亲见儿子从学校拿回成绩单，关心地问："考得怎么样，快说给我听听。"儿子看了父亲一眼，胆怯地打开成绩单念道："语文52，数学48，共计100分。"

"噢，你'共计'这门考得不错。"

儿子听了，忍不住"扑哧"笑了。

"看，一'表扬'你就骄傲了，"父亲板起脸来说，"要继续努力。"

上面这个幽默故事，其实就是"歪解法"的一个具体运用，说话的时候我们用寻找新奇的表现方法来解释正常的现象，回答一本正经的提问，可以给人耳目一新的幽默感。

下面一个对话就是这种方法的一个典型应用。

在一次演讲比赛中，一位演讲者刚刚走上讲台就被电线绊了一下，一个趔趄差点摔倒。这一意外情况引起台下观众的哄堂大笑。但这位演讲者没有一丝一毫的惊慌，而是从容地说："谢谢大家！刚才我是为大家的热情所倾倒的。"话音刚落，听众席上就响起了热烈的掌声。

这里的"曲解"化被动为主动，使演讲者既赢得了观众，又表现了自己的机智，给接下来的演讲开了一个好头。

所谓的曲解，就是利用众所周知的古代或现代的经典文章和词句为基础，再做出歪曲、荒谬的解释。新旧词义、语义之间的距离越大，效果就越滑稽诙谐。在导致荒谬的各种办法中，喜剧性效果比较强的要算歪解经典。因为经典最具严肃的意味，语言又多为人所共知，一旦稍有歪曲，与原意的反差就十分强烈。

幽默
让你充满魅力

我们再看这样一个故事。

唐代的《唐颜录》中有这样的记载：北齐高祖手下有一个幽默大师叫石动筩，他很善于在幽默中取胜。

有一次，石动筩去参观国子监，一些经学人士正在论辩，正说到孔子门徒中有72人在仕途展示自己的抱负。石动筩插进来问："72人中，有几个是戴帽子的，有几个是不戴帽子的？"

经学人士说："经书上没有记载。"

石动筩问："先生读书，怎么没有注意孔子的门徒戴帽子的是30个，不戴帽子的是42个？"

经学人士问他："根据什么文章？"

石动筩说："《论语》说，'冠者五六人'，五六三十；'童子六七人'，六七四十二也。一共不是72人吗？"

本来孔夫子在《论语》中是和曾子等得意门生谈论自己的志向和理想，说的是能够带着五六个青年和少年六七人，自由地在风中的田野漫游，就很如愿了。可是，石动筩在这里把约数"五到六人"和"六到七人"曲解成五六和六七相乘以后，又和孔子门徒贤者72人附会起来，就显得很不和谐，因而也就充满了诙谐的意味。

这种"歪解法"与"偷换概念"有相同点，它们又有明显的不同之处，"偷换概念"重在"换"，需要有原来的东西和用来替换的东西两个因素，"偷换概念"在逻辑上是合理的。而"歪解法"重在一种新角度的回答，看似合理，其实是一种似是而非的歪解，仔细推敲就会发现其逻辑上不合理的地方。

"歪解原意"虽然不合逻辑，可是这种技巧除了能够产生幽默效果外，有时候还能起到正面的说服效果。

第三章 引"笑"入耳,幽默是这样练成的

从前,有一个人生了病,亲戚朋友都来探望他。他跟大家说:"我可能快死了,但不知道死后的日子好不好过?"

一个朋友马上回答:"死后很好过的。"

他听后大吃一惊,急忙问那个朋友为什么这么说。

朋友解释道:"很简单,如果死后过得不好,死者自然都纷纷逃回阳间来。现在看来,一个逃回来的都没有,可见那里不是很不错吗?"

面对死亡,一般人都怀有一种恐惧感。上面例子中病人的朋友对死亡的幽默解说虽然是一种不合逻辑的歪理,可是能起到安慰病人的作用,减轻病人对死亡的恐惧心理,使病人在剩余的日子里能够更好地享受活着的幸福。

"歪解原意"的幽默技巧能给平淡的日常生活增添新鲜的活力。

善用各种修辞方法制造幽默

语言中的修辞手法除了能使深奥的语言变得浅显、枯燥的语言变得生动外,往往还有"画外之音、言外之意",所以人们常常用此法来制造幽默。

很多人在与人讲道理时,可能会不经意地触动对方的自尊和利益,从而引起争吵。倘若我们能另辟蹊径,改变说话的方式,使用修辞手法来点精妙的幽默,说话效果会完全不一样。

1. 比喻

比喻是搞笑的重要方法,其主要功能是语言的形象性。那些使人感到别致、意外的比喻都是产生幽默的最佳材料。

张伯苓是一位著名的教育家,毕生从事教育工作,四十余年如一日,在天津创办南开大学,不但使该校成为学术重镇,而且培养了无数的英才，对国家的贡献极大。

在一次毕业典礼上，张伯苓对学生讲话，针对当时一对电影演员闹离婚，他幽默地拿狗皮膏、橡皮膏与气球来比喻三种不同的婚姻。他说："你们毕业后，很快就要结婚。婚姻可分三种：第一种像狗皮膏，贴上去很麻烦，撕下来很困难，譬如老式婚姻；第二种像橡皮膏，贴上去与撕下来都容易，譬如新式婚姻；第三种像气球，飞到哪里，就算哪里，譬如某些影视演员的儿戏婚姻。"

张伯苓把三种婚姻分别比喻成狗皮膏、橡皮膏、气球，并指出各自的基本特点，形象生动，风趣幽默。这席话对即将步入社会的学生起到了警示作用，让学生在欢笑之余更能领悟到老师的良苦用心。

通过分析张伯苓的故事，我们不难发现比喻幽默法有两个要点：一是比喻包含着三个基本要素，即被比喻物、比喻物和相似点。被比喻物和比喻物必须是两个本质不同的事物。二是被比喻物和比喻物之间不仅要在某一点上相似。大凡聪明的人都懂得使用说理生动的比喻手法，使深奥的道理变得通俗易懂、简单有趣，增加论点的说服力，增强语言的幽默感和感染力，以达到说理服人的目的。

当然，一个人若想掌握比喻幽默法，除了掌握使用本体、喻体的技巧外，更需要具备敏锐的洞察力，能迅速准确地捕捉事物的本质和彼此的联系，并且要具备良好的表达能力，将自己的本意表达出来。

2. 引用

引用是一种修辞手法，在特定的环境中引用别人的话或成语、谚语、格言等，可以达到幽默的效果。每一句话都有它产生的场合和特定的思想内容。虽然是同样的语言，场合变了，思想和内容也会跟着起变化，就会产生幽默。

在美国一所学校里，一位女教师总爱板着面孔上课，动不动就批评学生的顽劣，弄得学生怨声载道。一次她在课堂上提问："'不自由，毋宁死'这句话是谁说的，知道的人请举手。"过了一会儿，有人用不熟练的英语答道："亨利。""对，同学们，刚才回答的是日本留学生，你们生长在美国却回答不出，而来自遥远的日本的学生都能回答，多么可怜哟！""把日本人灭掉！"教室里传来一声怪叫。女教师气得满脸通红，大声问："谁？这是谁说的？"沉默了一会儿，教室一角有人答道："1945年，杜鲁门总统说的。"

1945年杜鲁门总统的宣言的确说过类似的话，而那位学生引用得那么"贴切"，含蓄地表达了自己对老师教学态度的不满，产生了幽默讽刺的效果。

3. 夸张

夸张是一种修辞手段，有时夸张的修辞手法能使语意变得具有幽默的效果。运用夸张来创造幽默离不开丰富的想象力。想象力是幽默故事产生的源泉，想象力越丰富，幽默的意味会越浓，幽默的故事也越显得绚丽多彩。而具有卓越想象力的人才能使夸张这种很平常的修辞方法产生出令人惊叹的高级幽默来。

有一个美国人和英国人在一起互相吹牛。

美国人说："我们美国人很聪明，发明了一种制造香肠的机器。这种机器真是神奇，只要把一头猪挂在机器的一边，然后转动机器的把手，那么，香肠就可以自动地从机器的另一边一条一条地转出来！"

英国人一听，不屑地说："这有什么了不起？这种做香肠的机器我们早就有了！你们美国人真是少见多怪！我们早就把这种机器改造得更加神奇了！"

"怎么神奇？"美国人问。

"我们新的制作香肠的机器，只要做出来的香肠，不符合我们的

幽默 让你充满魅力

口味,我们就可以把香肠放在机器的一边,然后'倒转一下'机器的把手,那么,机器的另外一边,就会跑出原来的那头猪。"

上面的故事中,美国人的话虽然也十分夸张,但英国人的话比美国人的话更能产生幽默效果,这是因为英国人的话带有更加明显的荒谬性,从而使整段对话起了质的变化,幽默也就展现出来了。

夸张是一面放大镜,能够将生活中看似微不足道的生活要素放大,让人对其包含的爱与恨、美与丑看得更真切,不再有雾里看花、水中望月的朦胧感。

一个英国中学生向人抱怨说:"我妈妈是个爱小题大做的人,我一咳嗽,她就以为我得了支气管炎;一头疼,她就怀疑我长了肿瘤;说一个小小的谎言,她就认为我将来一定能进国会。"

这个英国中学生通过夸张的语气,将生活中小小的事情引出极大的结果,从而使听了他的话的人,在哈哈大笑中回味着其中的讽刺意味。

夸张是一面"哈哈镜",通过优化整合生活中的喜剧因素,最大限度地释放喜剧效果,让人领略到生活原来如此美好,幽默原来如此奇妙。在不经意间放飞所有的心事,尽情地捧腹大笑。夸张的幽默会使生活变得更美,让人们变得更加乐观,对生活充满信心,从而领悟到幽默的含义:笑看人生,笑看自己。

4. 拟人

拟人,就是借助想象力,把物当作人来描绘。正确地运用拟人,可以使听者不仅对讲话者所表达的事物产生鲜明的印象,而且能感受到讲话者对该事物的强烈的感情,从而引起共鸣。

两个男子在小饭馆里就着一盘花生米、二两白酒闲聊。

第三章 引"笑"入耳，幽默是这样练成的

一个人哭穷说："我老家那边是真穷啊，很多农户每年都是青黄不接。为了平稳渡过难关，乡亲们下锅的米不是论斤论两，而是按粒算。为了生计，我只好出来打工了。"

另一个人不甘示弱："我之所以出来打工，是因为我老家那边更穷。每年收割之前，只要留心，你总会看到几只老鼠跑到家里偷粮食……"

"那还可以啊！不是还有粮食可以偷吗？"

"哪里，哪里！那些老鼠无一例外都是高高兴兴地进去，忙了一圈后含着泪水出来——因为一粒粮食都找不到。"

这则故事的幽默就在最后一句话上，男子故意将老鼠拟人化，把它变成一个会思考、有感情的动物，从而在对话中占得了上风，幽默至极。

总之，修辞作为幽默语言中的调味品，目的在于运用的艺术的手法提高幽默的表达效果。修辞用得恰到好处，则语言准确简练，一语千钧；用得多了、滥了，就会令人生厌，流于肤浅和滑稽。但也要注意运用得体，要把适应交际题旨、适应具体情境作为交际原则，灵活运用语言，以求达到交际目的和生动活泼的表达效果。

语义双关、话中有话的幽默

所谓双关，是运用语言文字上的同音或同义关系，使字词或句式同时涉及两件事。双关幽默的精髓在于说一含二，言此及彼。通过巧妙的衔接，使得语言不合常规、反差强烈，或妙趣横生、余味无穷，充满趣味。

一次，鲁迅和兄弟、子侄们坐在一起谈话。侄辈们望着鲁迅和周作

幽默 让你充满魅力

人两兄弟,突然好奇地问鲁迅:"伯伯,你鼻子怎么是扁的?"鲁迅不假思索地答道:"这么多年我到处碰壁,生生地把鼻子碰扁了呀!"

鲁迅的这一回答,逗得兄弟、子侄们哈哈大笑。

说完这个笑话后,鲁迅自己也笑。鲁迅的回答是一语双关,这"碰壁"二字,既是对社会现实的不满,也是对自己坎坷经历的自嘲,他巧妙地回答了造成"扁鼻子"的原因。这一幽默利用了词语的多义性,使语句所含的内容产生两种不同的含义,帮助鲁迅表达了自己的思想和情感,并创造出一个耐人寻味的幽默。

古代有这样一则故事,说的是一位新上任的县官,带着随从骑马到王庄处理公务,走到岔路口,不知该选择哪条路。于是,便大声地问路边一位老汉道:"喂,老头儿,去王庄怎么走?离这儿还有多远?"老汉看他穿戴得倒是挺华贵,说话却没礼貌,有心教训他一下,便答道:"离这儿还有180亩。"县官感到好笑:"老头儿,路程都讲'里',哪有论'亩'的?"老汉冷笑道:"我们这里的人都讲里(礼),只有你们这些人不讲里(礼)!"

县官脸一沉,说:"你这个老东西,怎么拐着弯骂人呢?"老汉说:"我本来不会骂人,只是家里出了件古怪的事,心里不痛快。"县官问:"什么古怪的事?"老汉有板有眼地说:"我家有匹马下了一头牛。""真的?马怎么会下牛呢?应该下马才对啊!"县官感到莫名其妙。老汉像煞有介事地回答:"世上的怪事多着哩,我怎么知道那畜生不下马呢?"县官听出了话里的意思,面红耳赤,立即下马道歉。

面对县官的无礼,老汉两次一语双关地讥讽了县官。"里""礼"谐音,双关指出县官的不敬;见县官没有悔意,他又机智地运用语义双关"下马"斥责县官是不懂礼节的畜生。格调高尚文雅,内容纯净正派,没有粗俗

第三章 引"笑"入耳，幽默是这样练成的

低级，更不是泼妇骂街，其骂法实在高明。

事实上，这类通过音同义不同的字词巧妙蕴含言外之意，达到幽默的事例有很多。让我们再看看下面这个故事。

北宋时有一不学无术的秀才喜爱卖弄。一日，他去拜访从未谋面的著名文学家欧阳修。走到半路正好碰见了欧阳修，欧阳修问他去哪里，他面露得意地说要去见一位朋友。欧阳修笑笑，也不说出自己是谁，故意打趣说："我也要去拜访这个人，咱们一起走吧！"于是两人结伴而行。走到一条河边，一群鸭子吓得纷纷跳下水去。

秀才见此景诗兴大发，忍不住吟道："一群鸭仔婆，一同跳下河……"

欧阳修见他摇头晃脑，顺口接道："白毛浮绿水，红掌拨清波。"

两个人刚上岸，秀才又诗兴大作，禁不住吟道："二人同上舟，去访欧阳修……"

欧阳修语带双关地讥讽道："修已知道你，你还不知修（羞）！"

秀才没有醒悟，连声赞道："妙，佳句！"

在这个例子里，"羞"是"修"的谐音，欧阳修借用双关，把自己的意思表达得婉转而又幽默，微妙而又含蓄。

双关幽默要达到的主要目的是把攻击锋芒掩盖起来，让对方在你表面上无锋芒的语义里，明白你真正的意图。它的效果将使你的智慧、情感和人格得以升华，使你在社交、交谈中立于不败之地。

在火车上，一个旅客的烟盒突然不见了。他硬要说是坐在旁边的人偷走的。可是，过了一会儿，这个旅客从自己的包里找到了那只烟盒。于是他很不好意思地向邻座的人道歉。

邻座的人冷静地回答：

幽默
让你充满魅力

"没有关系。看来,刚才我们俩都错了。"

这里"都错了"就产生了双重语义,第一层意思是刚才你错把我当小偷;第二层意思是刚才我错把你当君子。两层意思在暗中一换位置,就有了强烈的反差,显得耐人寻味。

双关幽默高度体现一个人的智慧,有时也能助你摆脱所陷的困境。

唐朝玄宗皇帝封禅泰山,任命心腹大臣张说为封禅主管官。按照惯例,封禅后官员都要晋升一级,张说却趁机把自己官居九品的女婿郑镒一下晋升为五品大员。

在封禅后的宴飨大会上,玄宗皇帝李隆基发现九品芝麻官郑镒突然穿上五品官服,非常奇怪,便问他怎么晋升这么快。郑镒一下子愣住了,窘得说不出话来。宫廷艺人黄幡绰刚巧在场,他见郑镒出糗,便一语双关地帮忙解围说:"此乃泰山之力也。"

黄幡绰的脑子反应非常迅速,对词汇把握也很精准到位。他口中的"泰山"有两层含义,一个就是玄宗皇帝所封禅的泰山,"泰山之力"就是借指一种非同寻常的神圣力量;此外,"泰山"又是岳父之别称,这便又说明了郑镒和张说的特殊关系。这一回答很有幽默感,虽指明了实质问题,却又不显得刻薄尖锐,把对人的贬义淡化,这就是一语双关的力量。生活中,如果你也遭遇类似场合,不妨学学黄幡绰,制造一个一语双关式的幽默,用另一重语义把你略带攻击的真实意图稍加掩盖,不仅可以讽刺对方,更能使你的智慧、情感和人格得以升华。

一语双关式幽默的最大妙处在于,言在此而意在彼,你明里说东,实则说西;明里指桑,实则骂槐。这种言语中产生的另一层意思往往带有一定的幽默效果,而且是一种含蓄的表达,需要对方静下心来去领悟。

第三章 引"笑"入耳，幽默是这样练成的

设置悬念的幽默方式

设置悬念是幽默的一个重要的技巧。即以热情的语调、真实的细节和充满戏剧性的情节引出你的幽默力量，在关键的那句话说出之前，埋下伏笔，预作暗示，让听众"着了你的道"。然后，用关键的话一语点破，也可以叫解开"扣子"、抖开"包袱"，让听者有出乎意料的感觉，于是，幽默的效果就发挥出来了。

传说"江南四大才子"之一的唐伯虎，一次应邀到一个富翁家给其母亲的寿辰绘画题诗。他画了一幅画后，接着题诗，第一句便是"这个婆娘不是人"。刚写完，满座皆惊，富翁也十分愤怒。唐伯虎接着写第二句："九天仙女下凡尘。"这下四座宾客转惊为喜，富翁也转怒为乐。唐伯虎又写出第三句："儿孙个个都是贼。"这下大家又惊得发呆，富翁一家更是怒气冲天。这时唐伯虎第四句脱笔而出："偷得蟠桃献母亲。"这时满座宾客赞叹不已，富翁也顿时对诗画赞不绝口。

唐伯虎的诗悬念迭生，反差强烈，跌宕起伏，充满了智慧和幽默。

设置悬念就是在吊别人的胃口，在别人急于知道结果的心态下，获知的结果却与期望的结果不相符合，而更多的是出人意料。这种出人意料中就富含幽默因素。再看看下面的事例。

绘画课上，小新交给老师一张白纸。

老师问："你画的是什么呀？"

小新答道："画的是'牛吃青草'。""明明是一张白纸，哪有什

幽默
让你充满魅力

么'牛吃青草'？"

小新不慌不忙地说："青草让牛吃光了，之后牛也跑了。"

老师的问话为我们设置了悬念，希望小新能有个合理的解释，而小新的回答却出人意料，又言之成"理"，不能不让人捧腹大笑。

父亲明知故问："你们班谁最懒？"

小明说："不知道。"

父亲忍住怒火："当所有的同学都在认真做题时，闲着没事、东张西望的人不是你是谁？"

小明理直气壮地回答："是老师。"

这里谁都明白：父亲的目的是想让儿子不打自招，而小明的回答却出乎大家的意料，而答案又是事实。这种反差让父亲哭笑不得，却让大家大笑不已。

设置悬念要巧妙，要顺理成章，做好铺垫，引人入胜，最后一语道破玄机，起到画龙点睛的作用，让人感受到强烈的幽默效果，从而达到自己的目的。

悬念设得好，设得妙，除了知识要多积累以外，更重要的是思想要深邃旷达。一个善于设悬念的人，无论走到哪里都会受人欢迎，他令人在舒心的笑声中，感受到高品位的精神享受。

李明最近工作非常忙，已经好多天没有和妻子坐在一起吃饭了。一天晚上，李明加班到9点多，回到家中发现妻子还没有睡，在等他。

"李明，我可以问你一个问题吗？""什么问题？""你一小时可以赚多少钱？""在这等我不去睡，就是为了这个问题吗？无聊。"李明生气地说。"我只是想知道，请告诉我，你一小时赚多少钱？"妻子

第三章 引"笑"入耳，幽默是这样练成的

几乎用哀求的口气问他。"我一小时赚30元。"

"哦，"妻子低下了头，接着又说，"你可以借我10个一元的硬币吗？"李明发怒了："开什么玩笑，去睡觉吧。我很累，没时间和你闹着玩。"

妻子安静地回到卧室并关上门。过了一会儿，李明感觉自己是不是对妻子太凶了，或许妻子真的需要10个硬币。

李明走进卧室："你睡了吗？""还没，我还醒着。"妻子回答。"我刚刚可能对你太凶了，"李明说，"这是你要的10元钱，现在我没有硬币，明天你去换吧。"妻子开心地接过10元钱，然后从床头拿出存钱罐，倒出硬币一个一个地数着。

"你存这么多一元硬币干什么？"李明问。"这些钱都是从你开始做这个项目时存的，因为我知道你这次的任务很重，并且时间很紧，肯定会给你带来不少的压力，我一天存一个，一天许一个愿望，希望你每天都能开开心心的，要这10元钱，我还有一个小小的请求。"李明被妻子的举动给逗笑了："什么事啊？""我可以用这30元钱向你买一个小时的时间吗？明天项目就完成了，我想和你一起到外面吃晚餐。"李明哈哈大笑："就这啊，我还以为是什么大事呢，没问题，明天我提前下班，咱们好好吃顿饭。"

虽是一个小小的请求，却让这位妻子说得风趣幽默。如果这位妻子在丈夫又累又烦的情况下问："明天你的项目就完成了，能不能和我一起到外面吃晚餐？"从当时的情况来看，李明不一定会答应妻子的要求。可在妻子的一番巧言妙语中，李明不仅答应了她的要求，也把烦恼抛之脑后，房间里充满了欢声笑语。

运用设置悬念法时，有两个问题需要注意：

（1）不要故弄玄虚。设置悬念要巧妙，顺理成章，从而达到幽默的效果。否则，"斧凿"的痕迹太重了，给人以故弄玄虚之感，就不仅不显得

幽默 让你充满魅力

幽默，反而会使人反感。所以，设置的悬念要紧扣主题，精心设计，恰到好处。

（2）不要急于求成。如果你迫不及待地要把妙语趣事说出来，太急于引起听众发笑，太早地让人知道有趣的"谜底"，就会显得操之过急！太早泄露"天机"，也就泄露了惊喜，由于铺垫不够，火候不成熟，结果也就失去了幽默感。

所以，应娓娓道来，不疾不徐，使听众对结果有相反的预期，有一个缓冲思考的时间，然后再一语道破。

难得糊涂也是一种幽默

莎士比亚在其著作《第十二夜》中，让主人公薇奥拉说出了这样一句话："因为他很聪明，才能装出糊涂人来。彻底成为糊涂人，要有足够的智慧。"在人际交往中，故意装疯卖傻可以表现一个人的机灵和智慧，尽管对方和自己都知道其中的"疯"和"傻"，但客观上会因话中所含的俏皮味而引发幽默谐趣。

有个故事是说在第二次世界大战期间，希特勒到一个精神病院里视察。他询问大家对政府关怀的感受，本想听到赞誉之声的他听到的却是大多数病人不满的抱怨。

希特勒于是拉长了脸，厉声问他们知道他是谁吗，病人们纷纷摇头。于是希特勒大声吼叫起来："我是阿道夫·希特勒，你们的伟大领袖。我的丰功伟绩，可与上帝相比！"病人们丝毫不理睬他，并且露出了鄙夷的笑容。有位病人拍拍希特勒的肩幽默地说道："是啊，是啊，我们开始得病的时候，也是像老兄你这个样子的。"

第三章　引"笑"入耳，幽默是这样练成的

我们且不去考究这个故事的真实性如何，故事中病人糊涂的幽默，有力地讽刺了希特勒神经质般的不可一世的气焰，值得我们揣摩借鉴。

在某机场的售票厅里，人们正在排队买票，突然，一个人粗暴地挤到售票窗口指责售票员工作效率太低，当人们要他排队时，他又嚷道："你们叫什么？不知道我是谁吗？"

对此，售票员平静地问旅客们："各位，这位绅士有些健忘，已经不知道自己是谁了，不然，我想他不会做出有失身份的举动来。谁能帮助他回忆一下，他是谁呢？"售票员的话引来人们阵阵笑声，这个人羞得满脸通红，愤愤地走了。

售票员面对他人的不文明表现，假装不知，实则机智幽默，大智若愚。巧装糊涂是采用迂回的进攻方式，运用此法可以产生强大的嘲讽效果和幽默效果。

假装糊涂，装痴扮傻的幽默法是表里不一，表面上既痴又傻，实际上高度智慧，把过人的智慧隐藏于痴呆木讷的外表下，让对方透过表象，曲折地品味到浓浓的幽默之趣。

传说中国古代有一个叫栗子的人。有一天，栗子的孙子在池塘里摸鱼虾，把自己弄得一身泥，栗子很生气，便脱去孙子的外衣，拿起鞋用鞋底打他的屁股。家里人看着很心疼，苦苦哀求，可是谁也拦不住暴怒中的老头子。栗子的儿子在一旁灵机一动，突然跑到栗子旁边，把自己身上的外衣脱掉，跟自己的儿子也就是栗子的孙子一块儿跪在栗子面前，还拿鞋底打自己的屁股。栗子赶忙拉起儿子说："你这是干什么？"儿子哭着说："您惩罚我的儿子，我也惩罚您的儿子。"栗子哭笑不得，只得作罢。

幽默
让你充满魅力

假痴假傻的幽默法既要你不动声色，还要你煞有介事、假戏真做，令人大吃一惊，产生疑问，继而加以思考，随之完全领会，最终发出会心的微笑。

应当注意的是，假痴假傻的背后藏着的真实意思，应当使对方略加思考后就能明白。如果对方百思不得其解，那就不能透过"傻"相领会到幽默之本意了。

房客对房东说："我没法再忍受下去了，屋顶一刻不停地往房间里漏水。"

房东反驳说："您还想怎么样？就您那一点点房钱，难道还想漏香槟不成？"

房客的前提是"不管漏的什么都有碍于他"，但是老成的房东故作糊涂，说成是"漏香槟比漏水要好，漏水次之"。

在一些特殊的场合，我们常常会碰到一些意想不到的事情，处理不好着实令人尴尬万分。遇到这类情况时，想要化解难堪，不妨假装糊涂，幽默应对。对方一开始也许会心生疑窦，云里雾里，但随着迷雾的消散，你的真实意图所带来的幽默就会如春风般拂过人们的心田。

有一个著名的笑话是讲酒店经理考问员工机智程度。他的题目是："假如你无意间把房门推开，看见女客一丝不挂地在沐浴，而她也看见你了，这时候你该怎么办？"第一位答道："说声'对不起'，就关门退出。"第二位答道："说声'对不起，小姐'，就关门退出。"第三位答道："说声'对不起，先生'，就关门退出。"

前两位的回答都不幽默，唯独第三位的回答透着幽默。它妙就妙在假装没看清，装"疯"卖"傻"，既保全了客人的面子，又使自己摆脱了尴尬。

装糊涂的幽默法可以迅速打动人心，在笑声中传达出某些信息，能使言谈风趣，增强幽默效果。

在人际交往中，故作"糊涂"是高度智慧的产物，尽管对方和自己都知道其中的"痴"与"傻"，但客观上会因其"痴言傻语"中的俏皮而引发幽默诙谐。

两个陌生人在别人的介绍下约会。小姐问先生："你有奔驰吗？"先生摇摇头："没有。""你有洋房吗？""没有。"小姐讪笑道："那么，看来我们也没有缘分了。"

先生无可奈何地起身，自言自语道："难道非要我把宝马换成奔驰，把200平方米的别墅换成洋房吗？"

这位先生的糊涂装得真是有水平，听完这位先生的"自言自语"，小姐一定会后悔自己有眼无珠，同时也会为自己嫌贫爱富的势利心感到无比羞愧。

装糊涂并不是真的糊涂，它只是以一种荒谬的看似糊涂的做法，使人产生与现实的距离感，从而达到幽默的效果。如果你在适当的时候糊涂一下，或许正体现出你的幽默和智慧。

发现自相矛盾中的幽默

我们都知道，说话是不能自相矛盾的，这是逻辑思维得以成立的起码条件。然而，逻辑上的自相矛盾，却往往可能产生幽默，而这恰恰从逻辑上不通的地方开始。这种不通的逻辑作为一种结果引起我们的震惊，推动我们去

幽默
让你充满魅力

想象它的原因,而这原因往往是十分有趣味的。在生活中,有许多精彩的自相矛盾的幽默。

一对夫妇发生口角,很不愉快,丈夫心软,在吃晚餐的时候,见妻子怄气不吃,于是拿了一个面包给妻子,并轻松地说:"亲爱的,你吃下这个面包,才有力气和我吵架啊!"

妻子立即答道:"我吃了这个面包,我们就吵不起来了。"

这个故事中他们言行的自相矛盾,均是真诚的,因此争吵终止,和好如初,彼此原谅对方。这里的妙处在于丈夫明明要和解,却要妻子吃饭后继续吵;妻子明知道吃了饭就吵不起来,却把这意思用言行表达出来。

有一小孩饿得直哭。父亲安慰他说:"你要吃什么?尽管告诉我,哪怕是龙肝凤胆也好,我都拿来给你吃。"孩子说:"那些我都不要,我只要饭吃。"父亲骂道:"不懂事的家伙,只拣家里没有的要。"

这位父亲真是好笑,穷得连饭都吃不上,还振振有词地说给孩子吃"龙肝凤胆",真是幽默。

生活中,有些人别出心裁,利用矛盾技法造句,为人们喜闻乐见。展现幽默艺术的方式还有很多,如果你留心观察,就会发现生活中很多人、很多事都洋溢着幽默的气息。

一位朋友起身要回家,而外面正在下雨,他向主人说:"下雨了,请把雨衣借我用一用,好吗?"

主人想开个玩笑,就一本正经地说:"可以,不过你要留心点,千万别把我的雨衣弄湿了。"

第三章　引"笑"入耳，幽默是这样练成的

明明下雨，把雨衣借给朋友，却又不让打湿，这不是自相矛盾吗？

一个嗜赌如命的赌徒，他为了从赌场上赢回输掉的钱财，熬更守夜，孤注一掷，最后连裤子也输掉了。这时候他醒悟过来，发誓戒赌。

他用笔写上"坚决戒赌"四个字贴在床头。一天，一位好朋友看到了床头这条诫示后，嘲讽地问："你真的戒赌了？"

"真的！"

"我不信。"

"不信？"赌徒瞪着一双通红的眼睛，大声说，"咱们赌三瓶二锅头！"

这里，用自相矛盾的方式展示了幽默的艺术，取得了鲜明、强烈的效果。矛盾若在不经意中产生，更为可笑和逗人。在运用自相矛盾的幽默技巧时，一定要沉住气，平稳自然，幽默效果更佳。

一次，国会议员通过了某个法案，而那法案在马克·吐温看来是荒谬不合理的。于是，马克·吐温在报纸上刊登了一个告示，上面写着："国会议员有一半是浑蛋。"

报纸卖出后，许多抗议的电话随之而来，国会议员们当然不认为自己是浑蛋，要求马克·吐温立即更正。

于是，第二天马克·吐温又刊登了这样一个更正："我错了，国会议员有一半不是浑蛋。"

马克·吐温的话语看似前后矛盾，实际上只是他耍的文字花招而已。第一种表述他在字面上肯定，而意义上否定；而第二种表述则在字面上加以否定，实际却表达了肯定的意思。这两种表述方式的置换，直接指明了对方的错误，真可谓一针见血。这也难怪类似的"矛盾"故事经常被搬上舞台，且

幽默
让你充满魅力

经久不衰，这种自相矛盾式的幽默，常常可以使被讽喻的对象为掩饰自己千疮百孔的纰漏而疲于奔命，又顾此失彼，笑料迭出。

自相矛盾带给人们的幽默效果，立足点在语言学和逻辑学的交叉点上：言谈符合逻辑规律，言语在正常的轨道上运行，是人们能够顺利交流思想、实现彼此交往的起码条件，但其中并不存在半点幽默价值。而逻辑上的自相矛盾，却可能产生幽默的趣味。因为在自相矛盾的情况下，言语失衡、逻辑错位，于是，逻辑上的相悖、言语的倾斜，带给我们震惊，幽默趣味便在其中孕育。

第四章　加点幽默因子，
　　　你就是社交达人

幽默的特点是令人发笑，使人快乐、欣悦和愉快，把这一特点运用到社交生活中，会取得意想不到的效果。幽默的话语可以在心与心之间搭起一座沟通的桥梁，消除人与人之间的疏离感和陌生感。社会交际中，将幽默感这种神奇的力量注入自己的语言里，能使自己更富有人情味，更容易与人沟通。

第四章　加点幽默因子，你就是社交达人

用幽默拉近彼此的距离

常言道"笑是两个人之间最短的距离"，而幽默可给人们带来欢笑，所以，幽默能拉近人之间距离。幽默是心灵沟通的艺术，幽默所在便是欢乐所在，幽默所在便是融洽所在，幽默所在便是心与心的交点所在。

人是一种矛盾的动物，一方面不堪忍受孤独寂寞，要与他人交流沟通，具有群居性；另一方面对陌生人又总有一种戒备心和恐惧感。所以，大多数人碰到陌生人的第一个反应便是关起心门，保护自我，然后去了解和探察别人。但是，如果你能表现出爽朗、幽默的谈吐，令对方的戒备之心逐渐缓解，对方的心扉便会慢慢开启。

美国喜剧艺术家卓别林与京剧艺术家梅兰芳很是投缘，两人一见如故，第二次见面时就有点老友重逢分外亲热的意味。略显沧桑的卓别林丝毫不见外地搂住梅兰芳的双肩，感慨道："记得六年前我们在洛杉矶见面时，大家的头发都是黑色的，你看，现在我的头发大半都已白了，而您呢，却还找不出一根白头发，这不是太不公道了吗？"他的话语中不乏幽默调侃，让梅兰芳一下消除了六年以来的生疏感，赶快安慰道："您比我辛苦，每一部影片都是自编、自导、自演，自己亲手制作，太费脑筋了。我希望您保重身体。"

有幽默感的人，必然是感觉敏锐、心理健康的人，也必然是笑口常开的人、胸襟豁达的人，是别人乐意与之交往、与之亲近、与之为友的人。

幽默
让你充满魅力

马克思就是一个善于用幽默联系友谊的人,他与诗人海涅有着十分深厚的友情。

有一年,马克思受到法国当局的迫害,便匆匆忙忙离开了巴黎。临行时,他给海涅写了一封信,信中写道:"亲爱的朋友,离开你使我痛苦,我真想把你打包到我的行李中去。"

把人打包到行李中去,这是不可能的事。马克思同海涅开的这个玩笑,显示了两人的珍贵情谊,更体现了马克思这位伟大人物的幽默和风趣。

法国总统戴高乐在会见某国总统时,还没有握手就说:"啊,原来我的个子还没有你高,怎么样,当总统的滋味如何?"

那位总统有点拘束,说:"你说呢?"

"不错,像吃了火药一样,总想放炮。"

几句话缓解了两位总统之间的紧张气氛,化解了他们之间的猜忌,营造出松弛、愉快的谈话环境。

幽默不是政治家特有的魅力,我们普通老百姓同样可以利用幽默拉近与交际对象之间的关系。

10楼的李先生和9楼的张先生楼上楼下地住着。因为两对夫妻都是工薪阶层,平日上下班时间不一样,偶尔搭电梯照面时仅是点个头,连交谈的机会都没有,只是心里知道有这么个邻居存在而已,并没有什么特别的交情。其实双方也都深知"远亲不如近邻"的道理,只是住在这里的邻居们大多冷漠惯了,也无可奈何。

第四章　加点幽默因子，你就是社交达人

但是自从某个机缘，让这对邻居"大笑出来"之后，情况完全改观。那阵子刚好发生垃圾处理问题，由于公共垃圾场的租约已到期，原业主因为私人原因坚持不肯续约，一时之间大小马路边垃圾堆积如山，臭气熏天。

这天刚好是假日，李先生和太太搭电梯正要下楼，恰巧碰到了张先生和太太也搭这部电梯，张先生勉强挤出一丝笑容以"垃圾严重"为题跟李先生稍稍寒暄一下，李先生也就趁机打开话匣子，他故作神秘地说："我家从来没有垃圾的困扰！"张先生夫妇听了十分诧异，并且询问其原因。李先生回答说："很简单啊！只要每天早上刻意地将垃圾包装得整整齐齐的放在大楼门口摩托车的后座上，过不了一会儿，那包垃圾自然就不见了。"张先生跟太太听了不禁大笑。"笑"让他们之间的距离拉近，从此以后两家人开始熟悉起来了。听说后来李先生的事业遭遇到一个大麻烦，是张先生设法帮他渡过难关后才得以东山再起。现在李先生的事业飞黄腾达了，想不到"一笑"竟然能带来这么大的人生助力呢！

严肃的交谈和例行公事般的客套往往给人一种戴着假面具的感觉，似乎竖起了一道高墙，使人只能了解你的外表，却无法探知你的内心。这样的交流是极难深入下去的，因为没有心灵沟通的社交并不能算是成功的社交。而幽默可以让人们看到你的另一面，一个更为本质、人性、淳朴的一面，这就会迅速扫清双方的交往障碍，拉近彼此之间的心理距离，这是人性的共同之处。

李大娘午饭后恰好遇到大刘，大刘寒暄道："大娘，您吃过午饭了吗？"李大娘既然被称作大娘，自然年纪不小了，可是她整天乐呵呵

幽默
让你充满魅力

的,好像比大刘还年轻。她回答说:"还没吃呢。你中午吃什么好东西了,也不请大娘去吃,瞧,现在还满嘴都是油呢!"

李大娘对大刘的假责怪显得很亲热、愉快,很自然地就拉近了她与大刘的距离,也成功地塑造了自己平易近人、和蔼可亲的长辈形象。

法国作家小仲马有个朋友的剧本上演了,朋友邀小仲马同去观看。小仲马坐在最前面,总是回头数:"一个,两个,三个……"

"你在干什么?"朋友问。

"我在替你数打瞌睡的人。"小仲马风趣地说。

后来,小仲马的《茶花女》公演了,他也邀朋友同来观看演出。这次,那个朋友也回过头来找打瞌睡的人,好不容易找到一个,说:"今晚也有人打瞌睡呀!"

小仲马看了看打瞌睡的人,说:"你不认识这个人吗?他是上一次看你的戏睡着的,至今还没睡醒呢!"

小仲马与朋友之间的幽默是建立在一种真诚友谊的基础之上的,这种丢掉虚假客套的幽默更能增进朋友之间的友谊。

不要小看幽默,它能使你在不知不觉中将欢笑和快乐带给别人,拉近自己与他人的心理距离。人们凭借幽默的力量,能快速打破彼此互不信任的外壳,融化人际交往中的坚冰。通过幽默使人们感受到你的坦白、诚恳与善意,这才能彰显交际的艺术。

第四章　加点幽默因子，你就是社交达人

幽默在社交中的作用

在当今这个高速发展的经济时代，人脉已成为个人能力不可或缺的重要资源。对于一个人来说，个人能力是利刃，人脉是秘密武器。如果光有能力，没有人脉，个人竞争力就是一分耕耘，一分收获；但若加上人脉，个人竞争力将是一分耕耘，数倍收获。因此，拥有良好的人脉资源，不仅能在困难时为你雪中送炭，更能为你的事业发展锦上添花。一个人想要打造自己的人脉关系网，就难免要进行人际交往，在这个时候，幽默就是最好的沟通方法。

在人际交往中，幽默是心灵和心灵之间快乐的天使。拥有幽默，就等于拥有了爱和友谊。凡是具有幽默感的人，他的所到之处都将是一片欢乐和融洽的气氛。恰当地运用幽默会使人们之间的沟通更加顺畅，人际关系更加和谐，人脉更加旺盛。

连续下了好几天的雨，某公司的几个同事见了面，一个人说："这几天怎么老是下雨啊？"一位老实的同事作答："是呀，已经6天了。"一位喜欢加班的同事说："嘿，龙王爷也想多捞点奖金，竟然连日加班。"另一位关注市政建设的同事说："房产所忘了修房，所以老是漏水。"还有一位喜爱文学的同事更加幽默："嘘！小声点，千万别打扰了玉皇大帝读长篇悲剧。"

加入了幽默成分的寒暄的确与众不同，既活泼又风趣，一下子就拉近了人与人之间的距离。可以说，幽默是缓和气氛的良剂，在任何时候，任何场

幽默
让你充满魅力

合，幽默都能帮你打开与人沟通的大门。

　　斯库特去拜访一位女性朋友，女佣告诉："十分抱歉！小姐要我告诉你，她不在家。"
　　斯库特说道："没关系，你就告诉她，我并没有来过！"

　　经过这样的幽默处理，斯库特以善意的话语表达了自己的心情，并对女主人避而不见的做法进行讽刺。当他的那位女性朋友听到这种幽默出彩的答话后，还能沉得住气吗？
　　幽默是一种才华，是一种力量，在与人交往时它总能以愉悦的方式拉近人与人之间的距离，填补人与人之间的鸿沟，为你闯开一条成功之路。

　　一次，威尼斯新执政官上任，举办了一场宴会，诗人但丁虽然与宴会主办方并不熟悉，但因为很有名望，也收到了邀请，并且应邀出席。宴会上，侍者端给意大利各城邦使节的是一条条很大的煎鱼，而给但丁送上的却是几条小鱼。
　　但丁没有品尝佳肴，只是故意当着主人的面，把盘里的小鱼逐条拿起靠近耳朵，然后又一一放回盘中。宴会主人见此情况，就问但丁，为什么做这种莫名其妙的动作。
　　但丁站起身来，清了清嗓子，以在场所有人都能听到的音量回答："几年前，我的一位朋友，很不幸在海上遇难了。自那以后，我始终不知道他的遗体是否安然埋于海底。所以，我就问问这些小鱼，也许它们多少知道一些情况。"
　　宴会主人对此很感兴趣："那么，它们又对你说了些什么呢？"
　　但丁故弄玄虚地回答："小鱼们告诉我说，那时它们都很幼小，对

第四章 加点幽默因子，你就是社交达人

过去的事情不太了解，不过，也许邻桌的大鱼们知道一些具体情况。它们建议我向大鱼们打听打听。"

宴会主人不由得笑了，转身责备侍者不应怠慢贵客，吩咐他们马上给诗人端上大煎鱼。

像但丁这样，在宴会中受到不公平待遇，又因为与主办方不熟悉，沟通不畅，换了别人，很可能早已愤怒离席。但是但丁不仅没有拍案而起，反而将自己的不满幽默而婉转地表达出来。这种幽默地指出对方的过失，同时又为自己提出要求的委婉技巧，任何人听了都不可能无动于衷，必然是一边为对方机智的谈吐逗笑，一边又不无歉意地请求对方原谅自己的考虑不当。

这样，提意见的和被批评的不需要在言语上发生冲突，就其乐融融地达到了双赢的境界。而且相信宴会主人看了但丁的"滑稽"表现，一定会忍俊不禁。两个原本陌生的人，关系就在这一刻被拉近了。

幽默有助于社交活动，幽默的谈吐，是社交场合必备的智慧。在成功的人际交往中，幽默能使人在不利的情况下保持快乐的心情，也能使周围的人与自己一同快乐。

有心理学研究表明，幽默之所以能一下子拉近两个人之间的感情距离，是因为幽默能在参与者之间通过一起笑而产生一种强烈的伙伴感，这是社交成功的第一步，也是很关键的一步。如果你希望在社交场上有所成就，希望引人注目，受人欢迎，那么，你就应该学会和别人来点幽默。

幽默 让你充满魅力

幽默交友，快乐你我他

朋友关系大抵是最适于发挥幽默的一种关系，朋友交往中的交谈打趣是很自然，很平常的事。而幽默会使朋友之间的关系更为亲密融洽，相互交往变得更富于情趣。俗话说：朋友多了好办事；多个朋友多条路；在家靠父母，在外靠朋友……能够多交一些朋友，常常与朋友交谈、聊天，就会心胸开阔、信息灵通、心情愉悦，还能取长补短，互相安慰。大家都知道朋友的重要性，但是，在茫茫人海中，要找到志同道合的朋友就不是那么容易了。其实，知音难觅就难在交朋友的方式上，而幽默交友不失为一种有效的交朋友的方法。

下面，让我们看看德国著名诗人海涅是怎样通过幽默来加深朋友间的友谊的。

一天，海涅正在伏案创作，突然被一阵急促的敲门声打断。来人送进了一个邮包，寄件人是海涅的朋友梅厄先生。

海涅因紧张地写作而感到有些疲倦，又因被人打断思路而显得很不高兴。他不耐烦地打开邮包，里面包着层层纸张。他撕了一层又一层，终于拿出一张小小的纸条，小纸条上只写着短短的几句话："亲爱的海涅，我健康而又快活！衷心地致以问候。你的梅厄。"

海涅刚想发怒，却又不禁被朋友的这个玩笑所逗乐，他深深地感到一种被人惦念的幸福，疲倦感也即刻消失了。调整情绪后，海涅决定对他的朋友也开一个玩笑。

几天后，梅厄先生收到了海涅寄来的一个邮包。那邮包很重，以至

第四章 加点幽默因子,你就是社交达人

于梅厄甚至都无法一个人把它拿回家。他雇了一个脚夫帮他扛到家后,打开了这个令人纳闷的邮包。

随后,他惊奇地发现里面竟是一块大石头。石头上有一张便条,上面写着:"亲爱的梅厄,看了你的信,知道你又健康又快活,我心上的这块石头落地了。我把它寄给你,以永远纪念我对你的爱。"

幽默是人们为改善自己情绪和面对生活困境时所产生的一种需要。当我们对他人的幽默报以快乐和肯定的回应时,当我们帮助他人感受快乐时,健康的幽默就已经产生了。

著名国画大师张大千与著名京剧艺术大师梅兰芳神交已久,相互敬慕。在一次张大千举行的送行宴会上,张大千向梅兰芳敬酒,出其不意地说:

"梅先生,您是君子,我是小人,我先敬您一杯!"

众人先是一愣,梅兰芳也不解其意,忙问:"此语做何解释?"

张大千朗声答道:"您是君子——动口;我是小人——动手!"

张大千机智幽默,一语双关,引来满堂喝彩,梅兰芳更是乐不可支,把酒一饮而尽。

大多数人都有广交朋友的心,苦的是没有行之有效的方法,如果我们能像张大千一样,注意感受生活,勤于思考,有一天我们也会变得和他一样幽默风趣,到那时候,对我们来说世界就不再是陌生的了,因为陌生人也会乐意成为我们的朋友。

在一个狭窄的小巷里,两辆汽车相遇了。车停了下来,两位司机谁

幽默
让你充满魅力

都不肯让路。对峙了一会儿以后，一位司机竟然拿起一本书，津津有味地看了起来。另外一个司机见状，伸出头来高声喊道："喂，老兄，看完后给我看看啊！"

一句话逗得看书的司机哈哈大笑，并主动倒车让路，之后两人冰释前嫌，互相交换了名片。原来两人的家离得很近，后来两人就成了好朋友。

突如其来的幽默让两个谁都不肯退一步的司机成为好朋友。生活中，这种小摩擦在所难免，这个时候如果激化矛盾，那么必定两败俱伤，更不可能交到朋友。但是，若能利用幽默的话语将矛盾的热度降低到零点，那么敌意也能转变成友谊。

朋友间的幽默方式有很多，往往更有默契，也更能令人开心，同时也能增进朋友之间的友谊。

一般情况下，在两个十分要好的朋友之间的闲暇交谈，运用语言善意地捉弄对方的方式较为常见。比如朋友弄了个不伦不类的发型，你可以说："妙哉，此头誉满全球，对外出口，实行三包，欢迎订购。"

下面是一段朋友间的幽默对话：

一个男人对一个刚刚相遇的朋友说："我结婚了。"
"那我得祝贺你。"朋友说。
"可是又离婚了。"
"那我更要祝贺你了。"

朋友间往往无话不谈，因此能够产生幽默的话题也很多。如朋友普通话不好，把"峨眉山"读作"峨毛山"，你就可反复"峨毛山"。夸大朋友的错话也极幽默，朋友错把黄鹤楼说成在湖南，你可说："不，在越南！"朋友之间的闲暇交谈，有时候会用说大话的方式进行，这种方式也能产生很好的幽默效果。

一天晚上，小明和弟弟没事干，便吹起了牛。

小明说："我发现我现在有恐高症，都不敢低头看自己的脚！我也真是太高了。"

弟弟说："那算啥！今天我在外面坐着看书，突然有一架飞机从我耳边飞过，我一看，原来是一架波音777。"

幽默在交朋友的过程中固然重要，但要注意的是，一切幽默都要以真诚为出发点，才能够让人感受到你的友谊。掌握了幽默的交友技巧，你再不会苦于没有知心朋友，陌生人将会成为你的新朋友，新朋友也将会成为你的老朋友。

面对请求，学会用幽默拒绝

生活中总有人拜托你帮忙做这做那的，明明心里不愿意做，却无法学会开口拒绝。其实学会拒绝并没有你想象的那么难，用幽默的话语拒绝对方的不合理要求，既能显示出自己的睿智、大度，又能避免让对方尴尬。

一次，某市要举办歌唱比赛，一个社会声誉不太好又根本不懂艺术的民营企业家找到比赛主办方的负责人说："我赞助1万元，你安排我当个评委怎样？"

幽默
让你充满魅力

比赛主办方的负责人拍了拍对方的肩膀说:"老兄,你钱多得没处花了吗?这1万元扔在这个比赛上,不如扔到河里,还能看到个涟漪呢。"

这是在对方提出要求后,机智地以诙谐幽默、插科打诨的话语,避开问题焦点的回答,巧妙地拒绝了对方提出的要求。

可见回绝也需要采用幽默的方式。别人对你的要求无论你是赞同还是反对,你都有权利说"不"。只有这样,你才能顾及自己的实际情况,同时以真诚的态度面对对方。

罗斯福在当选美国总统之前,曾任美国海军部部长。一天,一位老朋友向他打听海军在加勒比海的一个小岛上建立潜艇基地的计划。罗斯福想了想,然后向四周看了看,压低声音问他的朋友:"你能保密吗?"对方信誓旦旦地回答:"能,我一定能。""那么,"罗斯福微笑着说,"我也能!"听到这里,两个人不约而同地大笑起来。

罗斯福不好正面回绝老朋友,就绕过问题,不露痕迹地表达了拒绝的理由,最终幽默地回绝了对方的请求。罗斯福高超的语言艺术,使他既在朋友面前坚持了不能泄露秘密的原则立场,又使朋友免于陷入难堪境地,因而取得了极好的语言交际效果。

一位演技出众、姿色迷人但学历不高的演员,非常崇拜萧伯纳的才华。由于出身高贵、长相迷人,再加上父母的宠爱,使她多少有一些高傲,认为自己足以配得上萧伯纳。在一次宴会上,她和萧伯纳相遇了,她充满自信,以最动听的声音对萧伯纳说:"以我的美貌,加上你的才

第四章 加点幽默因子，你就是社交达人

华，生下一个孩子，一定是人类最优秀的了！"

大文豪萧伯纳听后，微微一笑，彬彬有礼地说："您说得对极了。但是如果这个孩子继承了我的貌和你的才，那将是怎样的呢？"

萧伯纳的拒绝之意在幽默的言语中充分体现出来，这位女演员先愣了一下，然后明白了萧伯纳的言外之意，她失望地离开了，不过，她并没有因此而嫉恨萧伯纳，反而觉得他非常绅士，是个可以结交的人。从此，她成了萧伯纳的忠实读者，二人也成了无话不谈的好朋友。

以幽默方式拒绝别人的好处很多，不但可以为他人留有面子，还能使别人产生被尊重的感觉。这样一来，双方不但不会因拒绝而伤和气，反而会拉近距离，加深友谊。

抗日战争时期，北平伪警司令、大特务头子宣铁吾过生日，硬要邀请国画大师齐白石赴宴作画。

齐白石来到宴会上，环顾了一下满堂宾客，略微思索，便铺纸挥洒。转眼之间，一只水墨螃蟹跃然纸上。众人赞不绝口，宣铁吾喜形于色。

不料，齐白石笔锋轻轻一挥，在画上题了一行字——"横行到几时"，后书"铁吾将军"，然后仰头拂袖而去。

又有一次，一个汉奸求画，齐白石画了一个涂着白鼻子、头戴乌纱帽的不倒翁，还题了一首诗：乌纱白扇俨然官，不倒原来泥半团。

1937年，日本侵略军占领了北平。齐白石为了不受敌人利用，坚持闭门不出，并在门口贴出告示，上书："中外官长要买白石之画者，用代表人可矣，不必亲驾到门。从来官不入民家，官入民家，主人不利，谨此告知，恕不接见。"

幽默
让你充满魅力

齐白石还嫌不够，又画了一幅画来表明自己的心迹。画面很特殊，一般人画翠鸟时，都让它站在石头或荷茎上，窥伺着水面上的鱼儿。齐白石却一反常态，不去画水面上的鱼，而画深水中的虾，并在画上题字："从来画翠鸟者必画鱼，余独画虾，虾不浮，翠鸟奈何？"

齐白石闭门谢客，自喻为虾，并把做官的汉奸与日本人比作翠鸟，幽默泼辣，意义深藏，发人深省。

有时候拒绝的话像是胡搅蛮缠，但因为它是用幽默的方式表达出来的，所以也就在起到拒绝目的的同时，让别人很愉快地接受了。

意大利音乐家罗西尼生于1792年2月29日，在他准备过72岁生日的时候，一些朋友告诉他，他们集了两万法郎，要为他立一座纪念碑。他听了以后说："浪费钱财！给我这笔钱，我自己站在那里好了！"

罗西尼本不同意朋友们的做法，但他没有正面回绝，而是提出一个不切实际的想法："给我这笔钱，我自己站在那里好了！"含蓄地指出朋友的做法太奢侈，点明其不合理性。

拒绝别人的话总是不好说出口，但拒绝的话又经常不得不说。这时不妨运用幽默的方式说出拒绝的话，消除对方遭到拒绝时的不愉快感。

一家杂志的编辑收到一封来信："亲爱的编辑，我希望和您达成一项默契，您如果用了我的稿子，您将得到稿费中的一半，希望能得到您的首肯。"

编辑回信说："您的意见很好。我希望钱都由您来支付，每行五元。当您把稿子和钱寄来以后，我将把它刊登在广告栏里。"

第四章　加点幽默因子，你就是社交达人

用幽默的方式来拒绝别人，不仅能够消除因为拒绝给彼此带来的不快，而且能让对方感受到你不予接受的决心，其效果真可谓是一石二鸟。我们也可以尝试一下，或许真能收到意想不到的效果。

总之，拒绝是一门学问和艺术，能体现出个人的品德、性情和修养。一个懂得幽默地拒绝别人的人，能够使人在你的拒绝中同样感觉到你的善意、真挚和坦诚，进而能愉快地接受你的拒绝。

注意禁忌，幽默也讲分寸

幽默被誉为现代人为人处世的重要法宝之一，也是用来衡量一个人的口才乃至智慧的标准。很多人都在想方设法使自己成为一个幽默的人，一个有情趣的人。但是，幽默要注意场合、对象，把握一定的尺度，切不可生搬硬套。最不可取的是无话不幽默，不分场合，不分对象，弄得大家烦不胜烦，成为茶余饭后的笑料。所以说，幽默是一把双刃剑，运用得当，锦上添花，转败为胜，但若不分场合和对象，一味乱搞笑，却往往会坏了大事。

据说萧伯纳少年时很懂幽默，人又聪明。但是由于他滥用幽默，出语尖酸，人们常常被他讽刺得颜面无存。有一次，一位朋友在散步时对他说："你现在常常出语幽默，不错，非常风趣可乐。但是大家常常认为，如果你不在场，他们会更快乐，因为他们都感到自己比不上你。有你在，大家便都不敢开口了。你的才干确实比他们略胜一筹，但这么一来，朋友将逐渐离开你，这对你来说又有什么益处呢？"朋友的话使萧

幽默
让你充满魅力

伯纳如梦初醒，从此他改掉了滥用幽默的习惯。

凡事均要适度，幽默亦如此。在生活中适时适地运用幽默，能使相互之间的关系更加和谐、亲密。如果滥用幽默，不仅不能达到预期的效果，还会引起别人的不快。

一位中学教师到某地出差时，拎了一兜香蕉去看望一个多年未见、新近升为副处长的老同学。老同学心宽体胖，开门见是同窗好友，一边让进屋，一边指着他手中的提兜戏谑道："你何时落魄到走门子了？本处长清正廉明，拒绝歪风邪气、腐蚀贿赂。"

一句讥讽的调侃，使教师自尊心受到了伤害，他顿生反感，扭头就走了。

显而易见，幽默既不等同于一般的嘲笑、讥讽，也不是为笑而笑，轻佻造作、贫嘴耍滑。幽默是修养的体现，它与中伤截然不同。幽默笑谈是美德，恶语中伤是丑行。

另外，要想成功地使用幽默，还要注意大环境。毫无疑问，只有当幽默的内容适合当时的场合，才能体现出幽默的价值；反之，一些不合时宜的话则会让人感到别扭甚至反感。一般来说，在发生重要事件的严肃场合，或者在葬礼等带有悲伤气氛的场合，都不宜讲笑话。

一位漂亮的夫人站在丈夫的坟前伤心垂泪，这时一位陌生男子走了过来。他说："夫人，对于您丈夫的不幸亡故我深感痛惜，对于您的不幸遭遇，我深表同情。不过我不得不告诉您，当我一见到您，我就深深地爱上了您。"

第四章 加点幽默因子，你就是社交达人

夫人说："住嘴，流氓！你给我滚开，不然我要叫警察了。"

而另外一位陌生人温柔地说："您千万别生气，夫人，我本不想在这个时候打搅您，更不该在这个时候表露我的心意。但是时机不再来，谁能在您的美丽面前自持呢？"

这位夫人佯嗔说："现在是谈情说爱的时候吗？你应该在我没哭的时候来找我呀！"

不论你多么风趣幽默，如果没有弄清楚时间和场合，别人不但不会被你打动，还会带来相反的效果。

幽默除了要把握好时间和场合之外，还有国度之别，受民族、时代、审美心理及历史文化传统等条件的制约。

法国巴黎的市场里有一位卖肉的商人，生意特别好，原因是他性格开朗，言语幽默。

他卖肉时嘴里总是亲切地说个不停。

"您好，年轻人，吃点什么？来点烤肉还是小牛肉？我看还是吃点小牛肉好，又嫩又香，吃了小牛肉的男人会特别健壮，您说呢？"而被他称为"年轻人"的先生是一位60多岁的老人。一听到他这样亲切的称呼，心里自然高兴起来。这一笑似乎脸上的皱纹都平展了，也就买了很多小牛肉。

试想，这位商人如果在中国做生意也用这种方式，那这位被称为"年轻人"的老人一定会怒目相向，拂袖而去。

幽默还要分清对象，对自己身边的人或者比较亲近的人开几句玩笑，往往无伤大雅。但如果是在对方年龄或者身份比自己高的情况下，如长辈、上

幽默
让你充满魅力

级或者专家等,那么就一定要慎重考虑幽默的话语和方式,否则是极其不礼貌的行为。

此外,幽默还要注重性别、性格等差异。如与男性开玩笑,空间大、尺寸也好掌握;而对女性,特别是妙龄女性,一定要特别注意,不要引起别人的反感或者误会。对待性格外向的人和性格内向的人,也要有所区分。

总之,幽默不是恶搞,不是简简单单逗人一乐。幽默要机智、会心,还要有一点点洒脱和大度。只有将幽默灵活驾驭的人,才会为语言增加色彩,提高自己的吸引力和风度。但如果不切合场景,只学会幽默的皮毛,却抓不住幽默的实质,结果轻则成为无人理睬的冷笑话,重则"赔了夫人又折兵"。因此,我们有必要学会"适度"和"适时"的幽默,避开幽默的禁区。

第五章　注入欢笑，打造不一样的职场氛围

　　职场生存的一个重要秘诀就是幽默。不论你从事的是什么行业，也不论你是新手还是老手，经理或职员，董事长或小老板，只要在职场中善加利用幽默，就能让你在职场中如鱼得水，更可以为你的工作带来事半功倍的效果。

第五章　注入欢笑，打造不一样的职场氛围

幽默帮你顺利闯过面试关

面对日益饱和的人才市场，谋职困难是无可辩驳的事实，这对每个求职的人来说都是一场考验和一种挑战。如何才能使自己在强手如林的人才市场脱颖而出，迈进理想的职业大门，一个最重要的条件就是具备成功的自我推销术。依靠推销口才展示自我个性和特长，打动招聘者，这样才能顺利地找到一份适合自己发展的工作。因此，在面试时，应聘者表现得幽默是一种明智之举。

在应聘面试中，适当的幽默风趣的语言会表现你的优雅气质和气度，也会给谈话增加轻松愉快的气氛。一个得体的玩笑、逸事或妙语会使一次颇为严肃的应聘面试变得活跃丰富。尤其是当你遇到难回答的问题时，幽默的语言会使你化险为夷，反映出你的机智和聪明，给人以好感。

在一次招聘中，主考官对一位姗姗来迟的应聘者说道："你已经迟到了，那你就简单地做个自我介绍吧！"

这位迟到的应聘者站了起来，不慌不忙地说道："太对不起了！我迟到了，因为我被撞了。"

瞬间，主考官的脑子里闪现了应聘者和小汽车相撞的情景，于是双眼紧盯着他等待着他说出原因。

应聘者说道："不瞒各位，其实刚才我和狗相撞了。"

大家被这出人意料的答案逗笑了。

应聘者说："其实我是养狗协会的会员，我觉得我和狗特别有缘，

幽默 让你充满魅力

并且我的名字叫'杨苟',是'一丝不苟'的'苟'。"

这位叫"杨苟"的人在短短的几秒钟之内,就用诙谐的语言做了巧妙的自我介绍,把幽默发挥得淋漓尽致。

现代人都懂得推销自己,虽然能力的高低是重要的决定因素,但推销方法高明则往往是成败的关键。有些人颇具才华,但却不能给人好印象;有些人在自我推销的过程中加入了幽默的成分,收到了事半功倍的效果。

有一家公司招聘公关经理,他们给应聘者出的一道题是:"一加一等于几?"应聘者的答案五花八门,但公司的老总似乎对此并不满意。

最后轮到一位小伙子,老总皱着眉头问道:"小伙子,你知道'一加一'等于几吗?"

小伙子听了,风趣地答道:"这太简单了,公关对象想等于几,就等于几。"

老总听后不住地点头。结果,这位小伙子被聘用了。

幽默的能力是属于自己的,只有自己努力地挖掘,并不断地展现,才能使他人对你做出很高的评价,让你最终走向成功。

适度的幽默就像是一根闪着金光的魔杖,你轻轻地挥舞它,它就能够引领你走进理想的职场。

在一次电视台主持人的招聘面试中,考官问一位前来面试的女大学生:"三纲五常中的'三纲'指什么?"

这名女学生颇为自信地顺口答道:"臣为君纲,子为父纲,妻为夫纲。"

第五章 注入欢笑，打造不一样的职场氛围

她刚好把三者关系颠倒了，引起了众多考官的窃笑。一个年长的考官善意地提醒她："说反了吧，放松些，不要太紧张。"

女学生镇定自若，不苟言笑："没反呀，我指的是现代社会新'三纲'，我们国家人民当家做主，人大代表的意见最重要，当然是'臣为君纲'；众所周知，计划生育管住了大量的'小皇帝'的产生，这不是'子为父纲'吗？现如今，'半边天'的权利逐渐升级，'妻管严'、'模范丈夫'在社会上广为流行，难道不是'妻为夫纲'吗？"

这位女学生机敏幽默的回答，征服了所有考官，最终使她顺利通过了面试。

每个人都有自己的特长，但却并不是每个人都会展示，如果能够用幽默的方式把自己的特长恰当地展示出来，招聘公司肯定会对你另眼相看。

鲍勃在高中二年级时辍学，一心只想成为明星的他动身到好莱坞寻找机会。

一开始，鲍勃跟一般人一样，填写履历、参加面试，或许是由于他的年纪真的太小了，连续几家电影公司的考官都毫不留情地拒绝了他。

鲍勃心想，这样下去不是办法。为了圆自己的明星梦，他决定用不一样的方式来对付那些难以打动的面试主考官。

最后的一次面试机会，鲍勃经过漫长的等候，终于进到主考官的办公室。坐在长桌另一端的西装笔挺的考官，似乎对这些面试者失去了耐性，一见到鲍勃走进办公室，便很不客气地直接问他："你的资料我们都看过了，不用再多说了，你自认为最擅长的表演是哪一项，请简短回答。"

这样的面试，正好对上鲍勃的胃口，他很快回答道："我最擅长的

幽默 让你充满魅力

表演就是让人捧腹大笑！"

主考官一脸不屑地道："让观众笑，你有这种本事吗？现在马上给我当场表演，越快越好，越短越好！"

鲍勃早就决定了不按常理出牌，他毫不犹豫，立刻转身打开办公室的房门，对着外面的其他等候面试的人大叫："喂！你们都可以回家吃饭了！他们已经决定录用我啦。"

这个出奇制胜的高招，让鲍勃找到了第一份演艺工作，也奠定了他日后大放异彩的成功基础。

后来，鲍勃·霍伯成为风靡美国的幽默表演明星。

总之，幽默地推销自己将是你事业成功的开始。我们要想在个人的发展道路上迈出第一步，就要用幽默作为其中的助推器。

展现幽默力，建立良好的工作关系

现代人工作压力大，工作中的人际关系头绪纷杂，这导致人们在工作中事事小心身心疲惫。面对这种情况，在不影响工作的前提下，可以和同事、上司、下属开个适度的玩笑，幽默一下，活跃一下办公室的气氛。这也是控制情绪、激励自己的好办法。因为，打破严肃尴尬的气氛，给工作注入新鲜幽默的空气，不仅有助于提高自己的工作效率，同时也能赢得同事的好感和领导的信任。

逼近年关，某公司开始紧张地赶活。几乎所有的员工都在加班加点

第五章 注入欢笑，打造不一样的职场氛围

地工作，一个个感到异常疲惫。这种前所未有的工作压力甚至让一些体质较弱的女员工出现昏厥现象。

一次，晚班开始后十余分钟，员工小董才匆匆忙忙地从外面赶回来，将一箱牛奶分发给同事们。原来，他见同事们工作太辛苦，自掏腰包买了牛奶让大家提提精神。

这时候，有人冲他打趣地说道："刚才一直没见着你回来，我们还以为你去幽会了呢？"

"幽会？"小董故作懵懂，指着牛奶幽默地说，"没有'优惠'，都是原价，不打折的。"同事们被他傻乎乎的样子逗得哈哈大笑起来，以百倍的精神投入了新的战斗。

在通常情况下，真正精于谈话艺术的人，其实就是那些既善于引导话题，同时又善于使无意义的谈话变得风趣幽默者。这种人在职场上往往如鱼得水，可算是谈话中的幽默大师。

一天，王经理为活跃团队文化生活，组织员工去卡拉OK唱歌。但大家相互推托均表示"唱得不好"。王经理貌似严肃地说："今天唱歌有一个要求，那就是谁都不许唱得好听，必须怎么难听怎么唱，越难听越好！"随后，王经理指定新职员小李先唱，小李不得不唱，大家在离谱的跑调歌中开心地笑作一团。小李唱完后，王经理带头鼓掌喝彩："好！唱得非常好，完全符合我的要求！"王经理幽默的言语让联欢进行得很愉快，也让大家深深地被他的个人魅力所折服。

没有人会拒绝幽默，因为它是一种高层次的人生享受。在职场中合理利用幽默的言辞，不但能够增进同事间的感情，让别人轻松接受你的提议，更

103

幽默
让你充满魅力

可避免敏感问题造成的职场尴尬。善用幽默的人可以轻松营造活泼愉悦的工作环境，给别人留下极佳的个人印象。

幽默感可以使一个人脱颖而出，展现独特的人格魅力。具有幽默感的人总可以用独特的视角看出事物意想不到的另一面，触发另一种玄机，引入高一层次的思考，与此同时，他便成为人群中熠熠发光的魅力之星。职场中展现魅力的方式有很多，比如大方得体的衣着和言语，但幽默感无疑是最特别、最亮眼的一种方式。

美国著名心理学家吉尔福特研究发现，具有较高创造力的人往往具有以下特点：独立性高、求知欲强、好奇心重、知识面广，并且具有极丰富的幽默感。幽默感是智慧的体现，也是化解尴尬的利器，这种特殊的情绪表现可以提高人们适应环境的能力，是面临困境时减轻精神和心理压力的方法之一。生活中的每一个人都应当懂得幽默，特别是竞争激烈的职场中人，应多一点幽默感，少一点气急败坏；多一分快乐，少一分失落。

幽默感可以转变人的消极情绪，令沮丧与痛苦不复存在，同时还可以展现自身魅力与风采。具有幽默感的人，每天都会生活在自己创造的良好氛围中，很多外人看来无法逾越的障碍，却被他们轻松地跨了过去。幽默感会在人们之间营造和谐友好的氛围，让工作成为快乐的事情。

在某大型航空公司的一次会议上，大家正在讨论要不要将新型喷气引擎装在逾龄的飞机上。有人赞成安装，有人反对安装，双方争论得非常激烈，时间已经过了两个小时，也没有一个结果。

最后一个工程师站了起来，他说："我觉得，这些老飞机就像是我们的老祖母。为老飞机安装新引擎就好像替老祖母美容，虽然在金钱方面可能会比预期花费多……但是不管结果如何、花费的金钱有多少，老祖母一定会觉得很开心。"事后这位工程师被提升为主管工程师。

第五章 注入欢笑，打造不一样的职场氛围

来个幽默、开个玩笑，更能会博得同事的好感，并帮助你树立良好的自我形象。而且，用幽默的言谈适当地表达自己的观点，能让你的工作业绩越来越好。

风趣的言谈可以体现出一个人的能力和智慧。将这种技巧运用到工作中，你将会取得更大的进步。

具有幽默感的人，都有一种出类拔萃的工作能力，他们能自信地运用这种能力，为自己的晋升增添有分量的砝码。适当地运用幽默，你也能取得职场的成功。

周一早晨上班，小王与经理有了下面一段对话：

经理："听说你周末去郊外骑马了，骑得怎么样？"

小王："不太坏，不过我那马太客气了。"

经理："太客气了？"

小王："是呀！当我骑到一道篱笆前的时候，它让我先过去了。"

经理一听这话便知道是马把小王摔下来了，而小王却自我解嘲地说"马太客气了"，由此产生了逗人发笑的效果。

领导在欢笑之余也会觉得小王拥有幽默细胞，自然会对他有不错的印象。

几乎没有领导喜欢自己的下属总是呆板和过于一本正经，而往往更喜欢那些能够给办公环境创造轻松氛围的人。因此，懂得幽默更容易给工作带来轻松和快乐，从而使同事和领导都更喜欢你，使你成为职场上很受欢迎的人。

幽默让你充满魅力

幽默地面对工作中的困难和压力

现在的社会，生活压力很大，人们最大的愿望就是追求自己内心的宁静和快乐，但是工作往往使我们无法放松紧张的心情。如果我们能在工作中幽默一把，那么，不仅能够为自己减轻压力，还能给他人带来快乐，何乐而不为呢？

两位保险公司的业务员正在争相夸耀自己的公司理赔速度。第一位说："我们公司十次有九次是在意外发生当天，就把支票送到投保人手里的。""这算什么！"另一位业务员说，"我们公司的办公大楼一共有40层，我们在23层。有一天我们的一位投保人从楼顶跳了下来，当他经过23楼的时候，我们就把支票交给他了。"

看似互相调侃的笑话中，体现着保险行业竞争压力之大，而两位业务员都能幽默以对，实属难得。

幽默感能够减轻工作的压力，使自己以轻松愉悦的心情面对工作中的问题，同时可以感染整个团队在良好的气氛中合作，因此，拥有幽默感的人是每一个团队不可或缺的。

幽默的语言可缓解人们在工作中的紧张情绪。用它来缓解工作压力，会比一些抽象的理论更有效，从而显示出语言的最佳效能。有时候，与同事开开玩笑也能缓解工作中的压力。

克劳斯和迪特在工地上工作。

第五章 注入欢笑，打造不一样的职场氛围

克劳斯很懒，收工后不愿把篮子拿回去，就在篮子上面贴了个字条："迪特，请把篮子提走，我把它忘了。"

迪特看到篮子后，也在篮子上贴了个纸条："克劳斯，你自己把它提走吧，我没看见它。"

相信两个人在看到纸条时都会莞尔一笑，同事间的逗趣充满了快乐，缓解了工作的劳累。

有幽默感的人总是能够保持愉悦的心情，这样的人往往豁达、睿智、机敏。生活离不开幽默，人生不能没有笑声。幽默感是最好的心理医生，在紧张的生活中，我们需要面对各种各样的压力和包袱，而幽默感可以帮我们卸下重担，使我们前进的脚步更加轻快坚定。

美国作家杰克·伦敦许诺给纽约的一家出版社写一本小说，却迟迟没有交稿。出版社编辑一再催促均无结果后，便往杰克·伦敦住的旅馆打了个电话：

"亲爱的杰克·伦敦：如果24小时内我还拿不到小说的话，我会跑到你屋里来，一拳揍到你鼻梁上，然后一脚把你踢到楼下去。我可从来都是履行诺言的！"

杰克·伦敦幽默地回答说："亲爱的迪克，如果我写书也能手脚并用的话，我也一定能履行自己的诺言，按时将小说交到你的手里。"

一席话让出版社编辑不怒反笑，并向杰克·伦敦道歉，给他宽限了写作时间。

面对工作中的种种压力，幽默的语言不仅意味着积极的工作态度，更意味着友好和相互理解，因而对缓解工作压力有至关重要的作用。当然，这并

幽默 让你充满魅力

非鼓吹幽默的作用是万能的。实际上，在缓解工作压力时，除了运用幽默技巧外，还要注意运用其他一些科学、正确的缓解、减压方法。

某公司的职员被外调至分公司服务。决定人事变动的经理以安慰的口吻对他说：

"喂！你也用不着太气馁，不久以后，我们还是会把你调回总公司的。"

那位被外调的职员似乎毫不在乎地说道：

"哪里？我才不会气馁呢！我只不过觉得我此时的心情像董事长退休时的心情而已。"

面对外调，他不气馁，他懂得靠幽默来调节，从而能够使自己以良好的心态投入新的工作中去。面对工作中的困难，我们除了要调节好自己的心态外，还能通过运用幽默与人分享快乐，寻找一个共同的目标方式，来帮助我们在工作中取得他人的支持，从而摆脱工作困境。

幽默不仅能给自己减压，还是团队的润滑剂，能够有效地缓解压抑的工作气氛，调剂枯燥乏味的工作，同时还可以拉近同事之间的距离，增进互相间的了解，从而凝聚整个团队的力量，提高工作效率。

幽默地表达你的意见，领导更容易接受

在工作中，我们常常会碰到一些令我们不满的事情。有了不满，我们总想表达出来并让对方明白，但如何表达这种不满却有一定的学问。那么，能否找到一种既能达到自己目的又不会让对方难堪的方法呢？答案是肯定的。

第五章　注入欢笑，打造不一样的职场氛围

幽默定能让我们如愿以偿。

　　公司经理经常要求小王加班，小王一个人包揽了三个人的工作量。临近年底，经理又推给小王一件棘手的工作，小王百般推辞。这时，恰逢圣诞节，依照公司惯例，那天每位员工都要说一说自己的"一年近况"。

　　于是，小王这样写道："这一年对我而言，进步的是失眠症及智能，退步的是记忆力，总体收支平衡；增加的是腰围及胆固醇，减少的是头发及幽默感。附注：如果你注意到今年的报表字体比以前有所放大，那证明本人视力正在无可挽回地退化。"

　　几天后，经理给小王的部门安排了新手，接手那件棘手的工作。

　　如果你的工作量过大，工作内容过于棘手，一定要及时和领导沟通。但是，你在诉苦时可别做苦大仇深状，把心里的牢骚一股脑全倒出来，这样很容易引起领导的反感。所以，我们可以向小王学习，尝试用幽默的方式来表达不满，提出自己的想法和建议。这种处理方式收到的效果，要比直接说明管用得多。

　　秦朝的优旃是一个有名的幽默人物。有一次，秦始皇要大肆扩建御园，多养珍禽异兽，以供自己围猎享乐。这是一件劳民伤财的事，但大臣们谁也不敢冒死进谏。这时能言善辩的优旃挺身而出，他对秦始皇说："好，这个主意很好，多养珍禽异兽，敌人就不敢来了，即使敌人从东方来了，下令让麋鹿用角把他们顶回去就足够了。"秦始皇听了不禁破颜而笑，并破例收回了成命。

幽默
让你充满魅力

优旃之所以成功地劝服秦始皇,主要是使用了幽默的力量。他的话表面上是赞同皇上的主意,而实际意思则是说如果按皇上的主意办事,国力就会空虚,敌人就会趁机而入,而麋鹿是没有能力用角把他们顶回去的。这样的正话反说,因为字面上赞同了秦始皇,优旃才足以保全自己;而真正的含义,又促使秦始皇不得不在笑声中醒悟,从而达到他的说服目的。

在给领导提意见时,如果能像上例中的优旃一样,适当地运用幽默的语言,那么不仅能表达自己的意见,而且能让领导在笑声中轻松接受你的意见。领导在接受意见的同时,还会觉得你是一个会说话的人,对你也会产生更多的好感。

有位公司经理,他的最大爱好就是下班后给员工开会,而且一开就是三五个小时,为此员工满腹牢骚,这位经理却还是一切如故。

一天晚上,经理又在给员工开会。3个小时过去了,会还没开完。这时,一位中年女员工站起身来对经理说:"经理,我想申请先离开。"

"你干什么去,李玲?会还没有开完呢。"

"我得回家,我家有孩子要照顾。"

经理虽然无奈,不过也勉强同意了。

过了半个小时,又站起来一位年轻的女员工,也想申请先离开。

"你要去哪儿,王晶?你家并没有孩子要照顾呀。"

"经理,如果我总坐在这里开会,那么,我家永远也不会有孩子的。"

会场响起了一阵笑声。而经理听了王晶的这句话,终于意识到这个会开得确实有点长了,因此宣布会议暂时告一段落。

面对喜欢长篇大论的领导,下属既不能直接打断他,也不能用过于直白的言语来表达自己的想法。面对这样的难题，故事中的王晶就处理得不错，用幽默的反讽暗示经理，让他意识到问题的所在。这样一来，王晶既不得罪经理，又使自己逃离了会议的苦海。

一针见血的真心话，不一定非要板起面孔严肃地说教，轻松幽默地表达，效果会更好。恶语伤人，朋友也会变仇人，用幽默的话语巧加提示，能博人一笑，让人深思。同样的道理，如果你对领导有意见，但又不好直接指出，这时借用幽默的话语往往能说出自己的心声。

一家工厂的厂长在中午去视察工作的时候，顺便询问了一下工人们的午餐情况。大部分工人都含糊其词地对他说"还行""可以"，只有一位工人很满足地说："一个苹果、一只鸡腿、一碟腊肉、一碗小米粥、两张夹肉卷饼、三块蛋糕，长官。"

厂长听了之后，满是疑惑地问这位工人："这都快赶上国王的早餐了！"这位工人毕恭毕敬地对他说："长官，很遗憾，这是我在外面餐馆吃的。"

这次视察之后，厂长马上下令改善了工人们的伙食待遇。

这是一位很善于迂回表达对工厂伙食不满的工人，他用幽默俏皮的语言让厂长一下子就明白了工人想要的伙食标准，同时可以让厂长很容易接受自己的想法。一个小小的幽默就是这样的奇妙。

幽默是一种语言表述方式，它融技巧性和欢乐于一体，让人们在笑声中解决问题。当你需要向领导提建议时，不妨通过幽默的方法，把建议表述得含蓄委婉，从而可以使自己处在进可攻、退可守的位置。

幽默
　让你充满魅力

妙用幽默，在笑声中增进与领导的关系

对于许多员工来说，最大的苦恼莫过于工作努力却得不到上司的赏识。要获得上司的赏识就要主动拉近与上司的距离，消除与上司的距离感。首先要把工作干好，不能让上司觉得你是一个不努力的员工。但是，只知道埋头苦干不见得就会得到上司的赏识。美国人力资源管理专家科尔曼说过："职员能否得到提升，很大程度上不在于他是否努力，而在于老板对他的赏识程度。"那么，怎么才能脱颖而出呢？

对于上述问题很苦恼的人或者想有一番作为的人，可以试试在领导面前化严肃为风趣的交流方式，说不定效果出人意料。

小李长得比较瘦，经理在工作之余经常拿他开玩笑。

这天，经理又拍着小李瘦弱的肩膀笑着说："小李，就你这个小身板，真是活脱脱一只瘦猴。"

小李听了就机智地说道："经理，瘦猴也有瘦猴的好处呀，比如说机灵，反应灵敏。我要不是有这些优点，您当初也不会把我招进公司呀。"

经理一听到小李的回答，不由得笑了。

面对经理有点调侃的玩笑话，小李没有气恼，而是顺势抓住经理的话头，巧妙地和经理开起了玩笑，最后经理也被他逗笑了。

要想与领导拉近距离，在与领导沟通时保持幽默风趣是重要因素。幽默能够迅速消除人与人之间的距离感，并在对方心中留下好印象。如果你总是

第五章　注入欢笑，打造不一样的职场氛围

一本正经、难得一笑，那就很难给领导留下好印象，成功的希望也就因此而渺茫得多。

幽默是一种智慧、一种艺术，它可以体现出一个人的知识与修养。如果能善于用幽默的语言跟领导交流，就能有效拉近你们的距离。

领导刚看完一本小说，对下属说："这本书写得太好了，只是字数有点儿少。我看了几天就看完了，太不'解渴'了。"

下属调侃道："不解渴，我这有一瓶汽水，给您解解渴吧。"

领导"扑哧"一声笑了："你总是能让我开心。每次跟你说话，我都会感到很放松。"

在这个案例中，领导的意思是惋惜、意犹未尽，而下属却出其不意地把这个意思转化为字面意思"渴了"，令领导一下子乐了起来。其实，在与领导交往的过程中，你并不需要每天都毕恭毕敬，有时候，如果能恰当地制造幽默，往往会收到很好的效果。

幽默能显示出一个人的风度、素养和魅力，能让人在忍俊不禁、轻松活泼的气氛中工作、生活和学习。

三位女人到一间公司面试一份秘书工作，面试的最后问题是："如果你发现你这个月的薪水多出一百美元，你会怎么处理？"

第一位答道："我会直接通知有关部门，先生！"

第二位答道："我会写一张纸条通知到有关部门，低调处理！先生！"

第三位答道："先生，坦白地告诉你，我会当什么事都没发生过，然后给自己买一件上衣。"

幽默 让你充满魅力

你猜谁会被录用？

答案：买上衣的女人。

幽默是一个人对待生活态度的反映，是对自身充满自信的表现。只有对自己的前景充满希望，才能发出由衷的笑声。一个具有幽默感的人能时时发掘事情有趣的一面，并欣赏生活中轻松的一面，拥有自己独特的风格和积极的生活态度。这样的人，令人想去接近；这样的人，使接近他的人也分享到欢乐；这样的人，更能丰富我们生活，使生活更具魅力，更富艺术。

幽默，有助于提升你的管理魅力

人人都喜欢幽默。拥有幽默就拥有爱和友谊。凡具有幽默感的人，所到之处，皆是一片欢乐和融洽的气氛。

据美国一项针对1160名管理者的调查显示：77％的人在员工会议上以讲笑话来打破僵局；52％的人认为幽默有助于其开展业务；50％的人认为企业应该考虑聘请一名"幽默顾问"来帮助员工放松；39％的人提倡在员工中开怀大笑。一些著名的跨国公司，上至总裁下到一般部门经理，已经开始将幽默融入日常的管理活动当中，并把它作为一种崭新的培训手段。

幽默作为一种语言艺术，在企业的管理中有着重要的作用。在富有幽默感的管理者周围，很容易聚集一批为他忠实效力的员工。管理者的幽默会使员工摆脱许多尴尬情景，为员工保住面子。

王主任中年谢顶，在一次年终酒会上，有一个小伙子在敬酒时不小

第五章 注入欢笑，打造不一样的职场氛围

心洒了一点啤酒在王主任头上，王主任望着惊慌的小伙子，用手拍了拍对方的肩膀说："小老弟，用啤酒治疗谢顶的方子我实验过很多次了，没有书上说得那么有效，不过我还是要谢谢你的提醒。"

全场顿时爆发出笑声。人们紧绷的心弦松弛下来了，王主任也因他的大度和幽默而颇得大家的赞许。

管理者恰如其分地运用幽默会激励员工，使员工在欢快的氛围中度过与管理者相处的每一天。幽默的管理者比古板严肃的管理者更易于在下属中树立威信。有经验的管理者都知道，要使身边的下属信服，就有必要通过幽默使自己的形象深入人心。

一位将军到基层检查工作，他召开一个士兵座谈会，想了解一下士兵们自主学习的情况。尽管将军深入浅出地启发，平易近人地诱导，但士兵们还是有点紧张，显得很拘谨。突然，将军问一名士兵："你知道马克思是哪国人吗？"那名士兵不假思索地回答："马克思是苏联人。"刹那间，知道答案的士兵都想笑而又不敢笑，有的人甚至为这名士兵担忧，以为将军会对他严加批评。可谁也没想到，将军却笑容可掬地说："是呀，马克思也有搬家的时候啊！"话音一落，笑声四起，座谈会的气氛顿时变得活跃起来，士兵们也说出了自己的心里话。

对企业的管理者而言，幽默的谈吐不仅可以增加亲和力，而且可以折射出智慧的光芒。

在工作中，我们时常可以看到，有的管理者做报告时很风趣，下属们都爱听；做思想工作时，语言生动，容易入耳入心，下属都乐于接受。这样的管理者，必然会赢得下属的尊重和爱戴，在工作中会收到事半功倍的效果。

幽默
让你充满魅力

如果说管理是科学严谨的，那么，适当的幽默就是管理中的调味品，它有利于更好地调动员工的积极性，增强团队的凝聚力，加强团队成员的亲密度，提高沟通的效率，缓解工作压力带来的紧张感。如果说严谨是管理的常态，那么，幽默就是严谨之外的润滑剂。

幽默可以显示出管理者高超的说话水平，恰到好处的幽默往往能取得意想不到的效果。管理者进行管理的目的是为了使下属能够准确、高效地完成工作。轻松的工作气氛有助于达到这种效果，而幽默则可以使工作气氛变得轻松。

善用幽默的管理者具有很强的领导魅力，更容易获得下属的认可与追随。很多成功管理者的实例都表明，通过幽默使自己的形象人性化是使下属与自己齐心合作的关键。在恰当的场合与时机，用幽默缓解氛围，提出更容易被人接受的建议，可以增强管理者的亲和力。

幽默是思想、学识、智慧和灵感在语言运用中的结晶，是一瞬间闪现的光彩夺目的火花。它不是天生的，而是后天培养的，是一种可以学习的能力，是企业管理者在事业规划中必须去提高的能力。

第六章　幽默暖场，活跃演讲现场的气氛

幽默的特质在演讲中是一项极为有力的秘密武器，不但能为演讲者减少自身的紧张压力，而且可以快速有效地拉近听众与演讲者之间的距离，更重要的是，可以自始至终让听众保持高度的兴趣与注意力。因而讲坛高手从来不忽略幽默的作用，他们总是以笑来调节台下听众的情绪，并激发听众回味无穷的退思。

第六章　幽默暖场，活跃演讲现场的气氛

幽默的演讲能够动人心弦

演讲和幽默有着十分密切的关系。对一位演讲高手来说，他所需要的不仅仅是扎实的学识、广博的知识、丰富的联想等，还需要具备十足的幽默感，这也是演讲的重要手段之一。

2006年10月，法国前总统希拉克在北大发表演讲。在回答一位学生的提问时，麦克风忽然出现了一点故障，尴尬的场面发生了。这时，这位74岁的老人像孩子一样做了一个顽皮的鬼脸，耸耸肩说："这可不关我的事，我没碰它。"一句话引来全场听众的笑声和掌声，尴尬气氛顿时消散。

幽默作为语言的润滑剂，可以调节演讲气氛，尽管只是只言片语，却是许多成功演讲中不可或缺的"点睛之笔"。

事实证明，根据不同的演讲内容、演讲氛围和不同的听众层次，运用适当的幽默对提高演讲质量能起到巨大的作用。有人把演讲中的妙语比作幽默炸弹，可想象其效果，如果演讲者是信息的传播者和扩散者，那么幽默这个信息活跃的载体必会为你的演讲增光添彩。

美国前总统小布什演讲时经常拿当时的副总统切尼来开玩笑。有一次，他在演讲中称自己并不是媒体所说的那样笨。"我刚刚完成了人类图谱。我的目标是克隆另一个切尼，那么我便不用做任何事了。"之

幽默
让你充满魅力

后,他把头扭向切尼,"切尼先生,下面我该怎么说?"一时间,场下哄堂大笑。

还有一次,他应邀回到母校耶鲁大学为毕业生发表演讲,他在演讲中这样说道:"今天是诸位学友毕业的日子,在这里我首先恭喜家长们,恭喜你们的子女修完学业,顺利毕业,这是你们辛勤栽培后享受收获的日子,也是你们钱包解放的大好日子!最重要的是,我要恭喜耶鲁毕业生们,对于那些表现杰出的同学,我要说,你真棒!对于那些丙等生,我要说,你们将来也可以当美国总统。耶鲁的莘莘学子,如果你们从耶鲁顺利毕业,你们也许可以当上总统,如果你们中途辍学,那么你们只能当副总统了。"

可以说,幽默的笑话语言,是演讲必不可少的调料,运用了这样的方法,就可以更好地表达演讲者的观点,凝聚听众的注意力。正如著名学者胡正荣所说:"我讲课或者演讲的时候,看到下面精力不集中甚至要睡着了的听众时,就讲一个笑话,他们马上就精神起来了。一会儿又不行了,再讲一个笑话,又精神了。这是一个很好的办法,大家不妨都用一下。"

教育家陶行知先生非常善于演讲,在他一生无数次的演讲中,有一次别开生面的演讲,更是令人拍案叫绝。

1938年,陶行知在武汉大学演讲。那天大礼堂里挤得满满的,会议开始后,有几位先生先后上台做了演讲。轮到陶行知时,会场上响起了一阵热烈的掌声。只见他不慌不忙地拿着一个包走上了讲台。出人意料的是,陶行知并没有讲话。他从包里抓出一只活的大公鸡,接着,陶行知从口袋里掏出一把米。放在桌上。他左手按住鸡的头,逼它吃米。鸡只叫不吃。陶行知又掰开鸡的嘴,把米硬塞进去。鸡挣扎着仍不肯吃。

第六章 幽默暖场，活跃演讲现场的气氛

接着，陶行知轻轻松开手，把鸡放在桌子上，自己后退了几步。只见大公鸡抖了抖翅膀，伸头四处张望了一下，便从容地低下头吃起米来。这时，陶行知说话了："各位，你们都看到了吧。你逼鸡吃米，或者把米硬塞到它的嘴里，它都不肯吃。但是，如果你换一种方式，让它自由自在，它就会主动地去吃米。"陶行知又向会场扫视了一圈，加重语气说："我认为，教育就跟喂鸡一样。老师强迫学生去学习，把知识硬灌给他们，他们是不情愿学的，即使去学也是食而不化，过不了多久，他们还是会把知识还给老师的。但是，如果让学生主动去学习，充分发挥他的主观能动性，那效果一定会好得多！"此时大家恍然大悟，爆发出热烈的掌声。

在演讲中，如果演讲者适当地使用幽默，可以为演讲增添情趣和趣味，创造和谐的气氛，引导话题。如果你演讲的是一个非常沉重或严肃的话题，而且你注意到你的听众开始产生厌烦情绪，那么不妨插入一些幽默，有助于重新吸引听众的注意力。

很多研究表明在演讲中运用笑话是有益的。最重要的一点是听众喜欢具有幽默感的演讲者。也许听众不会自动将演讲者的话视为真理，但是他们会更乐意接受演讲者所传达的信息。

在一次以"社会公德"为主题的演讲比赛上，其中两个演讲者的讲稿内容有一些相似之处。这对后一个演讲者来说是一个考验。但他却以一个幽默故事揭开自己的深刻主题，证明了自己的实力。他说："有一天在公共汽车上，坐着一个健壮如牛的男人。"他顿了一下，然后边说边模仿着："这位先生一直紧闭双眼，眉头紧锁，一副病态……这时，旁边有人问：'哎，你怎么啦，病了？'这位先生依旧闭着眼，回答

幽默 让你充满魅力

说：'不，我实在不忍心看着妇女和孩子站在我的面前'……"

然后，他在听众短暂的笑声之后，围绕这个小幽默开始讲如何树立社会公德的问题。其间，他还不断地分析那个男人的内心世界。由于听众早已被他带入这个故事的情境中，所以，他的剖析给听众留下很深的印象。

在演讲中如何针对听众的心理、兴趣和情绪等特点，巧妙、自然、不露痕迹地提出问题呢？这是每个演讲者都十分关心、重视的问题，也是关系到演讲成败的一个重要因素。讲得不好，往往不会引起听众的注意和兴趣，达不到预定目的。而运用幽默这个"玩意儿"，却能给人愉悦的感觉，在听众的微笑中把你要讲的问题说出来。

文学家林语堂素有幽默大师之称。不但他的文章幽默，他的演讲也十分风趣。有一回，哥伦比亚大学请他去讲中国文化。他从衣食住行谈起，一直讲到文学、哲学，大赞中国文化的博大精深、美妙绝伦。一个美国女学生实在忍不住，手举得老高，语带挑衅地问："林博士，您好像在说什么东西都是你们中国的好，难道我们美国没有一样东西比得上中国吗？"话音刚落，林语堂微笑着说："有的，你们美国的抽水马桶比中国的好。"举座喝彩。

1936年，《纽约时报》和美国书籍出版者协会共同举办了第一届全美书展。会上有一项活动是作家演讲，林语堂也在被邀之列。林语堂一上台，先不说话，四下打量，气势就出来了。接着，他不慌不忙地讲起中国人的人生哲学和生活态度。他没有拿稿子，好像句句都是临场发挥。纯正的发音、地道的表达技巧、机智俏皮的口吻赢得了热烈的掌声。大家正听得入神，他却猛地收起话匣子："中国哲人的作风是，有话就说，说完就走！"他挥一挥衣袖，背着手踱起方步，飘然而去。在

第六章 幽默暖场，活跃演讲现场的气氛

座的人面面相觑，半天没回过神来。

演讲中恰当地运用幽默的手法，既可活跃气氛，振奋听众精神，又能增强演讲的感染力和吸引力。在演讲中常用的幽默手法有正话反说法、妙用笑话法、以矛攻盾法、大事化小法、适度夸张法、自我解嘲法，等等。当然，在演讲中运用幽默手法必须恰当，如果运用不当，则会适得其反。因此，在运用幽默手法时，应注意以下几个问题。

第一，切忌使用那些具有歧视性的幽默，演讲时要把自己摆进去，这样才不至于刺伤听众。

第二，运用幽默手法时，一定要分清对象，分清是对敌人还是对朋友。这里有个态度和分寸问题，如果忽视了这个问题，就容易伤了自己的同志。

第三，运用幽默手法一定要注意场合、注意内容。那些肃穆、隆重的演讲，需要有严肃的气氛，一般不使用幽默的语言，否则会冲淡严肃、庄重的气氛，引起不良的后果。

第四，切忌使用粗下庸俗或肤浅滑稽的幽默，否则，不仅不会增强演讲的效果，反而会产生不良的影响。

第五，留给听众足够的时间欣赏笑话。如果你匆忙打断，那么你花了这么大劲取得的效果就会大打折扣。

第六，别为你的没有经验说抱歉。永远别说那些像"我不是块戏剧演员的料"或"我笑话说得不好，但我会尽力而为"之类的话，这会在你开始说之前就毁了你的幽默。

第七，开心一些，微笑，显出高兴的样子，你的情绪会感染听众，这会使你更容易获得笑声。

第八，说笑话的时候看着听众的眼睛。每看着一位听众，略微停留一会儿，扫视全场。

幽默
让你充满魅力

用幽默缩短与听众的距离

演讲时，如果语言过于平实，表述生硬，听众的注意力就会渐渐开始转移，失去听演讲的兴趣，甚至有的听众已经睡着了，或是半昏睡状态。你需要做一些立即奏效的事情，将听众从这些状态中拉回来。这时最好的方法就是讲个笑话，幽默一下。

美国总统里根常常喜欢用精心安排的幽默语言点缀他的演讲，以赢得特定观众的尊重。

有一次，里根在到达俄勒冈州波特兰时说："我的几位辛勤工作的助手劝我不要离开国会风尘仆仆地到这里来。为了让他们高兴，我说：'好吧！让我们来掷硬币，决定是去访问你们美丽的俄勒冈州，还是留在华盛顿。'你们知道吗？我不得不连续掷14次硬币才得到使我满意的结果。"

还有一次面对一些农民朋友发表演说时，里根为了讨好他的听众说了这么一件逸事：

一位农民要下一块河水早已干枯的小河谷。这片荒地覆盖着石块，杂草丛生，到处坑坑洼洼。但这位农民朋友并不灰心，仍旧坚持每天去那里辛勤耕耘。

经过他几年的辛勤劳作，终于使荒地变成了花园。他为此深感骄傲和幸福。某日，一位部长光临，顺便想参观一下他的花园。当部长看到硕果累累，就激动地说："啊！上帝肯定为这片土地祝福过。"部长

第六章　幽默暖场，活跃演讲现场的气氛

又看到玉米丰收，又说："哎呀！上帝一定也为这些玉米祝福过。"不一会儿，部长又赞道："天哪！上帝让你在这片土地上取得了这么大的成绩！"

这位农民禁不住说："我尊敬的先生，我真希望你能看到上帝独自管理这片土地时，这里是什么模样。"

这一段话赢得了农民听众的欢心，而里根也达到拉近与听众距离的目的。

有位演讲学家曾说过："一次演讲的成功与否，很大程度上取决于听众对你的接受和拥护程度。"如果你面对的是翘首盼望着你去演讲的听众，你与他们本身自然存在着一种亲近感，你凭借早已被他熟知的名望很快会获得赞赏。但在现实生活中，我们面对的听众绝大多数并不是我们的"粉丝"，对那些生疏的甚至怀有某些敌对情绪的听众来说，你的观点和思想都可能会受到近乎苛刻的挑剔，他们的情绪会使你受到干扰，陷入窘境。那么面对迥然相异的演讲对象，如何能够以不变应万变，在演讲台上应对自如，百战不殆呢？

不止一名幽默大师提醒我们，先用幽默缩短与听众之间的距离是在任何时候都非常有效的方法。设法和听众打成一片，以幽默冲掉陌生、严肃、沉重甚至是对立的情绪，排除部分障碍，淡化反感，就能促使场面变得亲切融洽而随意，有利于你演讲的顺利进行。

有一次，孙中山在广东大学演讲。礼堂非常小，听众很多，天气闷热，很多人都无精打采。孙中山便穿插一个故事：那年我在香港读书时，看见许多苦力聚在一起谈话，听的人哈哈大笑。我觉得奇怪，便走上前去。有一个苦力说："后生哥，读书好了，知道我们的事对你没有

幽默
让你充满魅力

什么帮助。"又一个告诉我："我们当中一个行家,牢牢记住那马票上面的号码,把它藏在日常用来挑东西的竹杠里。等到开奖,竟真的中了头奖,他欢喜万分,以为领奖后可以买洋房、做生意,这一生再也不用这根挑东西的杠子过生活了,一激动就把竹杠狠狠地扔到大海里。不消说,连那张马票也一起丢了。因为钱没有到手先丢了竹杠,结果是空欢喜一场。"孙中山风趣的话,引来台下一片笑声。孙中山接着回到本题:"对于我们大多数人,民族主义就是这根竹杠,千万不能丢啊!"孙中山先生这个充满幽默感的故事不仅让昏昏欲睡的人们清醒过来,也使得自己的演讲取得了良好的效果。

不管你想采用何种方法去亲近你的听众,都不要忽略其中最重要的原则——从听众喜欢听到的事情入手。有经验的演说家大多认为,以具有的共同经历为背景制造幽默能非常有效地引起听众的共鸣。而事实也证明,一个有关你周围人的笑话所产生的效果要比那些听众不熟悉的好许多倍。

1860年,林肯作为共和党的总统候选人,参加了竞选。他的对手民主党人道格拉斯是一位有钱有势的大富翁,竞选时,道格拉斯为了显示气派,租用了豪华的竞选列车,组织了乐队,每到一站鸣礼炮32响,意在从气势上打倒林肯,他甚至还十分得意地说:"我要让林肯这个乡下佬闻闻我的贵族气味。"

而林肯呢,没有专车,甚至要买票乘车,每到一处,没有丝毫的排场,他只是和选民们说:"我只是一个穷人。你们知道,我有一个妻子、一个儿子,他们才是我的无价之宝。另外,我还租了一间房子,屋子里放有一张桌子、一把椅子,墙角里有一个柜子,柜子里的书值得我读一辈子。我的脸长满胡子,我不会发福挺起大肚子,我唯一可以依靠

第六章 幽默暖场，活跃演讲现场的气氛

的就是你们——我的选民！"

道格拉斯虽然排场大，声势也大，然而选民却深感与他之间有很大的距离。林肯运用自我解嘲的方法，嘲笑自己的状况、短处，有意将总统的身份摆得很低，而又将选民的位置摆得很高，幽默、谦虚的词语，拉近了与民众的距离，令听者无不为之动容。

因此，你也应该向那些讲台上的佼佼者学习，在演讲前尽可能多地与你的听众闲聊或以其他的途径了解他们，特别是发生在他们之间的趣闻逸事。当你了解到什么样的内容能让他们感到亲切，什么样的笑话能让他们发笑时，就一定要围绕这些内容做文章。如果你的演讲能引起他们的兴趣，他们是不会不喜欢你，更不会不注意你的。这样一来，便为你演讲的成功打好了群众基础，也相当于迈出你雄霸讲坛的第一步。

总之，要让你演讲的内容具有吸引力，那么首先就要让你的演讲方式变得有吸引力，幽默是最好的方法之一。如果你能恰当地使用幽默的方法演讲，那么你会发现你演讲将取得意想不到的良好效果。

以幽默应付临场意外

在演讲的过程中，无论是来自听众的或是外部因素造成的干扰，都可能对你的演讲造成破坏，为了减少对听众的打扰，你有必要学会应付一些临时意外。一般来说，意外的来源有两种，一是来自听众中恶意分子的骚扰，二是意外的客观现象。

当你的演讲面临打扰但影响的范围不大时，你可以选择不予理睬。但如

幽默让你充满魅力

果他已经吸引了超过四分之一以上听众的注意力时，你就有必要对其采取一些行动了。直截了当地请他不要打扰其他的人并不是高明之举，因为这种行为无疑会将听众的注意力从你身上转移到他身上。最好的方法，是使用幽默之术攻其不备。

一位干部应邀在某厂每周一次的干部学习日上做有关专题的形势教育报告。讲了两个专题之后，他意识到自己讲的效果并不怎么好，很多工人都显得不耐烦，有的干脆打起呼噜。在讲第三个专题的时候，他想到了幽默这个法宝。为此，他特意迟到三分钟，并急匆匆地走上讲台，面带歉意地说："对不起，迟到了……因为我爱人这几天失眠，睡不着觉，所以我就给她做了个报告，虽然报告刚开了个头，她就呼呼地睡着了，可我还是在讲，所以迟到了……"

台下的人听罢都大笑不止……

有时演讲会遇到一些意外情况，比如听众寥寥无几，有人故意捣乱，听众提出刁钻古怪的问题，听众反对演说者的观点，等等。遇到这些情况，千万不能气馁、动怒或粗鲁地对待，那样会使演讲遭到惨败。而优秀的演说家能以幽默的方式沉着机智地应付各种意外情况的发生。

有一次鲁迅在京讲授中国小说史。讲完《红楼梦》时，他出其不意地问学生："你们爱不爱林黛玉？"许多学生被问得莫名其妙，无从答起。一位机敏的学生反问道：

"周先生，你爱不爱？"鲁迅若有所思地答道："我不爱。"那位学生又问："为什么不爱？"鲁迅非常幽默地回答说："我嫌她哭哭啼啼。"顿时，课堂上欢声四起，显得非常轻松活跃。

第六章　幽默暖场，活跃演讲现场的气氛

学生机智的反问有些出其不意，鲁迅用幽默的回答巧妙应对，激活了课堂气氛。

幽默高手会把笑话说得又好听又有趣，从而让人受益匪浅。我们已经熟知的一句俗话就是："会说话，让人笑；不会说话，让人跳！"能让人笑的语言，我们习惯称之为"幽默"。而幽默高手真正的本事还远不止于此，他们最厉害的还是利用幽默应对各种各样刁钻的问题，让别人拜倒在他的伶牙俐齿之下。

幽默是一个人应具备的素质，一个会利用幽默应对各种各样刁钻问题的人，无论其处境如何，都会成为人们欢迎和喜爱的对象。即使他只是独处于某一片荒地，他也会发现幽默的乐趣。

在美国南部，有一位家喻户晓的演说家。他最使人折服的是能在相当困难的情况下发表即兴演说。

有一次，他在竞选州长活动中发表演说，有一位听众故意发问责难他，最后大叫起来："啊，你这个浑蛋！"

这位演说家回答说："这位先生，请你小心一点！你正在骂我最喜爱的人。"

在演讲中遇到听众有不同意见，不可漠然视之，如果不予恰当的处理，后面的演讲将难以顺利进行。

有时演讲者还会碰到恶意的攻击或咒骂，如果演讲者勃然大怒或与之对骂，将损害演讲者的形象，使捣乱者的阴谋得逞。

英国首相威尔逊有一次在民众大会上演讲，遇到一些激烈的抗议，

幽默
让你充满魅力

一名抗议者高声骂道："垃圾！"

威尔逊镇定地说："先生，关于你特别关心的问题，我们等一会儿就讨论。"

威尔逊巧妙地将抗议者的谩骂转为现实生活中需要解决的一个问题，为自己解了围，并使会场气氛松弛下来，他的被动处境也就此摆脱了。

不仅仅是演讲，对于每个人来说，在生活中都有必要学会利用幽默应对各种各样刁钻的问题，因为幽默是我们成功的必备素质。我们应该积极行动，在自己的周围，如工作、生活、朋友以及家人身上寻找幽默、发现幽默，相信这会让我们的生活更快乐！

一个幽默的开场白能征服所有听众

一场好的演讲，开场白固然重要，但最不可或缺的还是"幽默"这个要素。

演讲者总期待从一开场到结束，都能全场笑声连连、听众意犹未尽，把气氛营造得热闹愉悦，所以演讲者的"讲"功就要有相当程度的磨炼，才能字字珠玑、妙趣横生。

当你走上讲台或站在人群中面对一张张面孔将要开始演讲时，面临的第一个问题，就是如何使听众对你或你即将阐述的观点、问题感兴趣，使在场的人都能在你一开口时就不由自主地注视着你。这就需要运用幽默的语言。尤其在听众比较倦怠或情绪不够稳定的情况下，以幽默的语言去吸引听众的注意、稳定听众的情绪，就显得非常必要。

第六章　幽默暖场，活跃演讲现场的气氛

一次，金庸应邀到北京大学演讲。一开始，他对同学们说："我刚从绍兴过来，在绍兴的兰亭，那里的人让我写字。我说：'这可不行，这是书法家王羲之写字的地方，我怎么能写？'他们不干，非要我写不可，于是我就写了一行'班门弄斧，兰亭挥毫'。今天，北大又让我在此讲学，又是一种'怎敢当'的心情，于是我又写了一行'草堂赋诗，北大讲学'。我是搞新闻出身的，做新闻是杂家，跟专攻一学的教授不同，如果让我做正式教师的话，那是完全没有资格的，幸亏我当的是你们的名誉教授。"幽默风趣而又自谦的开场白引来了同学们会心的笑声和热烈的掌声。

这样风趣的开场白，一下子使演讲者和听众融合在一起。在演讲开始时使用幽默艺术，可以打开沉闷的局面，缩短演讲者和听众之间的距离。

1985年下半年，著名作家冯骥才应旧金山中国现代文化中心之邀到美国访问。美国人参加这类活动是极其严肃认真的，必定是西装革履，穿着整齐。他们对演讲者的要求就更高，必须言之有物，而且要幽默诙谐，否则他们就不买你的账，以纷纷退场等形式让你下不了台。演讲即将开始，大厅里座无虚席，鸦雀无声，冯骥才也很紧张，深感这台戏不好唱。这时，文化中心负责人葛浩文先生向听众介绍说："冯先生不仅是作家，而且还是画家，以前还是职业运动员。"简短介绍完毕，大厅里一片寂静，只等这位来自中国的作家开讲。这时，冯骥才并没有立即开始讲话，而是当着大家的面，把西服上衣脱了下来，又把领带解了下来，最后竟然把毛背心也脱了下来。听众都愣了，不明所以。这时，冯骥才开口慢慢说道："刚才葛先生向诸位介绍了我是职业运动员出身，

131

幽默
让你充满魅力

引发了我的职业病。运动员临上场前都要脱衣服,我今天要把会场当作篮球场,给诸位卖卖力气。"全场听众恍然大悟,掌声雷动。

诙谐幽默可以帮助你消除和听众之间的紧张感,委婉地表达自己的意见,巧妙地解除窘境,甚至可以出奇制胜。

英国思想家培根说过:"善谈者必善幽默。"幽默的魅力就在于:话不需直说,但却让人通过曲折含蓄的表达方式心领神会。

幽默一直被人们称为只有聪明人才能驾驭的语言艺术,而自嘲又被称为幽默的最高境界。它能制造宽松和谐的演讲气氛,能使演讲变得轻松有趣,使人感到你的可爱和人情味。在演讲中,适时适度的"自嘲",自己拿自己"开涮",会收到妙趣横生、意味深长的效果。

在演讲中,幽默式开场白固然可以起到活跃现场气氛的作用,但幽默不可乱用,切忌低级庸俗的笑话或粗俗的语言。

一位基层干部给青年工人做形势报告:

"今天,我给大家吹吹形势问题。形势怎么样?那是秃子头上的虱子——明摆着的事情。哪个瞎了眼的狗日的敢说不好?可是,有些家伙就说不好。他成天屁事不想干,光想往腰包里装票子。猪肉都不想吃了,想吃个蛇呀、鱼呀、王八蛋一类的东西。抽烟抽的是带屁股的,还要什么'三个五'呀(三五牌)、'万个宝'呀(万宝路牌)。喝茶是龙井的,那狗井、猫井就不能喝呀?"

这位干部的演讲立意没有错,也激起了听众一阵阵的笑声。但这种笑声恰恰是听众对演讲者庸俗粗鄙的语言的嘲笑。这种所谓的幽默,不仅损坏了演讲主题的价值,也损坏了演讲者在听众心目中的形象。

第六章 幽默暖场，活跃演讲现场的气氛

总之，幽默式开场不但可以松弛神经、活跃气氛，还能够创造出一个良好的演讲环境。但一定要记住：幽默一定要把握分寸，这个度把握好了，相信你的演讲一定会大受欢迎的。

有头有尾，幽默结束演讲才算完美

一个演讲者能在结束时赢得听众的笑声和掌声，是自己演讲技巧非常成熟的表现，也是演讲圆满结束的标志。

有效的演讲结尾能激励听众赞同演讲者的观点或按照演讲内容去改变，并制造积极向上的气氛，激发听众的热情。

那么，怎样才能达到这种效果呢？

这就要求演讲者的结束语要有趣味。而在多种多样的演讲结束语中，幽默式的结束语是极有情趣的一种。运用幽默式的结束语，就要求演讲者要具有幽默感，并能在演讲中恰如其分地把握住演讲的气氛和听众的情绪，这样才能使演讲结束语获得听众热情的回应，使听众能够记住这次演讲，演讲才能收到"余音绕梁，三日不绝"的轰动效应。

我国著名作家老舍先生在某市的一次演讲中，开头即说"我今天给大家谈6个问题"，接着，他第一、第二、第三、第四、第五，井井有条地谈下去。谈完第五个问题，他发现离散会的时间不远了。于是他提高嗓门，一本正经地说："第六，散会。"听众起初一愣，不久就欢快地鼓起掌来。

133

幽默
让你充满魅力

　　老舍在这里运用的就是一种"平地起波澜"的造势艺术，打破了正常的演讲内容，从而出乎听众的意料，收到了幽默的效果。

　　有一次，艾森豪威尔将军参加晚宴，宴会中安排演讲节目，主办方总共邀请5位贵宾致辞，艾森豪威尔排在最后上台。前面4位，个个滔滔不绝，轮到艾森豪威尔时，时间已近晚上10点。台下早已意兴阑珊、兴致全无了。

　　善解人意的艾森豪威尔将军一上台便说："任何演讲都会有句点，我就作为今晚演讲的句点好了。"语毕鞠躬而退。

　　艾森豪威尔在宴会的演讲中用简单而幽默的语言结束，有助于消除与会者一天的疲劳，使大家能够在心理上得到更多的安慰，在精神上更加放松。

　　精彩的结尾能使整个演讲的内涵和风采骤然升格，并给人留下深刻的印象。

　　哈佛大学演讲大师乔治·威廉说过："当你说再见时，要使他们脸上带着笑容。"通常，笑容等于成功。当你的演讲简短、有力、切题，并且由于充满幽默感而显得生动活泼时，听众才会有意犹未尽之感。而意犹未尽是出色演讲美妙的结尾的极致。

　　特别是演讲场合是宴会或其他联谊性质的餐会，而演讲又被安排在一天快结束的时候举行时，那么，高度戏剧性的结尾、幽默的结束语能让人的精神得到鼓舞，同时使你的演讲最终熠熠生辉，余味长存。

　　但值得注意的是，演讲者利用幽默结束演讲时，要做到自然、真实，使幽默的动作或语言符合演讲的内容和自己的个性，绝不要矫揉造作、装腔作势，否则只会引起听者的反感。

第七章 化解尴尬，开心一笑解窘境

　　幽默是摆脱尴尬窘境的妙方。生活常给我们出些难题，学会了幽默，可以巧妙地为自己和他人化解难堪，可以为生活增添更多的笑声，可以让人际交往其乐融融。

凭借机智幽默的话摆脱困境

在生活中，我们有时候会受到别人冷嘲热讽的言语攻击，如果我们也以同样的方式回击对方就可能会使矛盾激化，从而一发不可收拾。如果我们在受到别人的言语攻击时，使用幽默来进行十分巧妙的应对和隐蔽的反击，就能收到很好的效果。当然，这并不是一件容易的事情，在接过对方攻击性的话语后，先来个故弄玄虚，然后话锋突然一转，回击对方，这样的幽默由于突然的回转就带上了戏剧色彩。

某公司里的人都在为了一个部门的经理的空缺位置费尽心思，争得头破血流。大家都铆足了劲，摆出一副志在必得的架势，没想到，这个头衔最终却落在了刚来公司不久的林南头上。

大家都很不服气："凭什么让一个刚来不久的毛头小子来领导我们。"于是，他们团结在了一起，摩拳擦掌地打算在林南上任那天给他点颜色瞧瞧。

就职演讲一开始，林南先深深地鞠了一躬，然后开口说道："在下能到这里来，全要感谢大家。因为大家都是一等一的能人，据说升谁当经理，都显得不太公平。公司没有办法，才决定选了我这个傻有傻福的人担任这个职位。"

台下响起了一片笑声，林南接着说道："我这个傻人担当了这个职位，其实就像个蜡烛的芯，看起来最亮，又处在蜡烛的最高处、中心处，其实啊，这样最惨，总是承受着最高的温度，被烧得焦黑、焦黑。你们看看我这么瘦，能烧几下啊？"

幽默 让你充满魅力

大家又笑了。林南继续说道："其实，最重要的，是蜡烛芯自己不能烧，全靠四周的蜡油。所以，各位，拜托，我这蜡烛芯就全靠大家了，请大家帮忙，别让我烧焦了！"

一屋人都笑弯了腰，早就把对林南的敌对情绪和打算修理他的事抛到脑后了。

对于敌人的攻击，幽默有着自我保护的作用；而对于别人的赞扬与批评，幽默又有着平衡心态的作用。

奉系军阀张作霖在面对日本人的恶意攻击时，也用了幽默的语言很好地回击了他们。

有一次，张作霖应日本人邀请出席酒会。在酒会上，这位东北"土皇帝"派头十足，威风凛凛，使在场的日本人大为不快。日本人设计要当众羞辱张作霖，以发泄他们内心的积愤。

酒会上，灯红酒绿，人头攒动。三巡酒过，一个日本名流离席而去。不一会，他捧来笔墨纸张，定要张作霖当场赏幅字画。他们以为张作霖是"土包子"，斗大字不识一个，定然会当众出丑。

不料，张作霖接过纸笔，竟不推辞，写完后，冷笑两声掷笔而去，旁若无人地坐回自己的席位。众人齐看纸上写的是"虎"字，落款为"张作霖手黑"。

张作霖的秘书凑近张作霖小声说："大帅，您的落款'手墨'的'墨'字下面少了一个'土'，成了'黑'字了。"张作霖听了，两眼一瞪，大声骂道："你懂个屁！谁不知道在'黑'字下面加个'土'字念'墨'？我这是写给日本人的，不能带土，这叫'寸土不让'！"在场的日本人听了，个个张口结舌。

像张作霖这样，面对日本人的蓄意挑衅，采用精妙的冷幽默不仅可以巧

第七章 化解尴尬，开心一笑解窘境

妙化解尴尬，更可以有力地回击对方，令其毫无招架之力。

可见，用幽默针对他人的侮辱进行反驳，就能很好地给对方一记重击。它在生活中常常也对我们维护自己的权益发挥着相当大的作用。

一个和尚被人骗进考场，考官见和尚也来考试，心中不满，便用略带挑衅的口气说："孔圣人三千弟子下场去。"

和尚忙答道："如来佛五百罗汉上西天。"

考官又说："子曰：克己复礼。"

和尚又答道："佛道：回头是岸。"

考官一听，很着急，忙喝道："旗鼓。"

和尚也快速地高声答道："木鱼。"

考官再也忍耐不住了，生气地说："岂有此理，岂有此理。"

和尚以为快考完了，忙答道："阿弥陀佛，阿弥陀佛。"

考官大声喊道："快滚，快滚。"

和尚连忙谢道："善哉，善哉。"

在这则故事中，和尚用自己熟悉的话语去对儒家经典，给人一种出人意料的幽默效果。

人与人之间应该互相尊重，这是正确的，但是在面对他人的蓄意挑衅时，如果还是保持不声不响或者委曲求全，那就是对自己的伤害，这时可以巧妙地运用幽默予以回击。

有一天，乾隆皇帝问大学士纪晓岚："纪卿，'忠孝'之意何解？"

纪晓岚答道："君要臣死，臣不得不死，为'忠'；父要子亡，子不得不亡，为'孝'。"

乾隆皇帝立即说："那好，朕现在就要你去尽忠，行吗？"

幽默
让你充满魅力

"臣领旨!"

"那你打算怎么个死法?"乾隆皇帝问。

"跳河。"

乾隆皇帝当然知道纪晓岚不会去死,于是就静观其应变办法。不一会儿,纪晓岚回来了,乾隆笑道:"纪卿何以未死?"

纪晓岚答道:"臣走到河边,正要往下跳时,屈原从水里向我走来,他说:'纪晓岚,你此举大错矣,想当年楚王昏庸,我才不得不死。你在跳河之前应该先回去问问皇上是不是昏君,如果不是昏君,你就不该投河而死;如果是,你再来跳河也不迟啊!'"

纪晓岚跳出常规思维,面对皇帝的戏谑,巧借屈原之说,金蝉脱壳,不愧是如簧之舌,一代辩才!幽默可以使你在紧张状态中,以从容的姿态出现。

事实上,幽默也是一种能博得好感、赢得友谊的好方法,尤其是在遇到那些没必要争执或不值得争执的问题时,幽默更能收到很好的效果。

杜罗夫是俄罗斯一位著名的丑角。

在一次演出幕间休息的时候,一个很傲慢的观众走到他的身边,讥讽道:"丑角先生,观众对你非常欢迎吧?"

"是的。"

"要想在马戏班里受到欢迎,丑角是不是就必须具有一张愚蠢而又古怪的脸蛋呢?"

听到此话,很多人围了过来。

"确实如此。"杜罗夫明白了这位观众的恶意,立即回答说,"如果我能生一张像先生您那样的脸蛋的话,我准能拿到双薪。"

这位傲慢观众的脸蛋同杜罗夫能否拿双薪本无丝毫内在联系,但幽默的

第七章 化解尴尬，开心一笑解窘境

杜罗夫却巧妙地把它们牵扯在一起，轻松地为自己解了围。

一位竞选总统的议员到农村去演讲，演讲刚进行到一半，就遭到了反对派的攻击，他们鼓动当地的农民用西红柿和其他一些农产品砸向这位议员。

面对这样的状况，议员并没有表现出愤怒，而是神情自若地弹掉了身上的东西后，对在场的农民说："我也许不知道你们现在的困境，但是假如你们选我作为你们的总统的话，我一定有办法解决你们的农产品过剩的问题"。

面对他人言语上的攻击，正面反抗或者回避问题，肯定会使自己的形象大打折扣，甚至引起怨恨，导致交流和沟通无法继续进行，从而使自己陷入更加尴尬的境地。而采用幽默的语言，不仅能挽回难堪的局面，还能博得别人的好感。

正所谓"天有不测风云，人有旦夕祸福"，当你处在一种相当狼狈的境地，备受他人攻击和恶意侮辱时，你无须惊慌失措，也不必愤怒，更不必沮丧，因为这一切都无法帮你从糟糕的境地中解脱出来。在这种时候，就需要你运用幽默语言做出超常的发挥，给对方以反击，帮助自己轻松地摆脱困境。

幽默
让你充满魅力

用幽默调节紧张的气氛

　　幽默是人们适应环境的工具，是任何人在面临困境时减轻精神和心理压力的方法之一。因此，生活中的每个人都应当学会幽默。多一点幽默感，少一点气急败坏，少一点偏执极端，少一点你死我活。因此说，幽默是空气清新剂，能缓解矛盾，使交往更融洽和谐。

　　据传，清代有名的才子纪晓岚，体态肥胖，特别怕热，一到夏天，就汗流浃背，连衣服都湿透了。因此，他和同僚们常找个地方脱了衣服纳凉。乾隆皇帝知道了，存心戏弄他们。这天，几个大臣正光着膀子聊天，乾隆突然从里边走出来，大伙儿急急忙忙找衣服往身上披。纪晓岚开始没看见，等看到皇上，已经来不及披衣服了，只好趴在地上，不敢动弹，连大气都不敢出。

　　乾隆坐了两个小时，不走，也不说一句话。纪晓岚心里发慌，加上天热，一个劲地流汗。半天听不见动静，他悄悄地问："老头子走了没有？"这一下乾隆和各位大臣都笑了。皇上说："你如此无礼，说出这样轻薄的话，你给我解释清楚，有话讲则可以，没有话讲可就要杀头了。"纪晓岚说："臣还没穿衣服，怎么回圣上的话呢？"乾隆让太监给他穿上衣服，说："亏你知道跟我说话要穿衣服。别的不讲，我只问你'老头子'是怎么回事？"趁穿衣服的时候，纪晓岚已经想好了词。他十分恭敬地对皇上说："皇上万寿无疆，这不是'老'吗？您老人家顶天立地，是百姓之'头'呀！帝王以天为父，以地为母，对于天地来讲就是'子'。连在一起，就是'老头子'三个字。皇上，臣说的有错吗?"说的都是好话,当然没错,于是,皇上很高兴。纪晓岚也松了一口气,心想:以后可不敢随便称呼皇上了。

纪晓岚据理巧辩,能够自圆其说,本来是随便、轻视的一句话,被他解释成充满溢美之意的奉承话,使乾隆皇帝转怒为喜,自己也免了一场灾祸。

幽默是生活中不可或缺的因素,一个人幽默与否,也是对这个人能力的一种检验。在尴尬处境中表现出来的小幽默,不仅可以给人带来轻松愉快的心情,还能营造和谐融洽的相处空间。

在一艘游船上,一位有妻室的辩论能手与一位漂亮时尚的女子同在一个软包厢。经过交谈,女子被辩论能手的个人魅力深深吸引,想引诱他。

她躺在软席上说:"先生,我觉得好冷。"辩论能手很绅士地为她盖上被子。但是她还是说冷,于是辩论能手把自己的被子也给了她。但是那位女子还是不停地说冷。

辩论能手沮丧地问:"我还能怎么帮助你呢?"女子说:"我在家的时候,我妈妈总是用身子来暖和我。"不料辩论能手机智地回答道:"那我现在总不能跳下海去找你的妈妈吧?"

就这样,辩论能手用他的机智幽默化解了同处一室的尴尬,为两个人都赢得了一个相对轻松的空间。

人生幸福与否,与个人心态和处理不愉快的能力息息相关。如果能够处理好一些令人尴尬的事情,不但能使自己赢得尊重,也能给别人带去快乐。

一个老农放羊经过乡政府,乡长看到后大声呵斥:"不许在这儿放羊吃草!"

幽默
让你充满魅力

老农连忙赶羊，边走边说："你以为你是干部啊，走到哪儿吃到哪儿！"

一个人的语言可以像优美的歌曲，也可以像伤人的邪火。幽默机智的话能给人以喜悦满足之感，在社交中适时地运用幽默将会使人们的关系更加和谐、融洽。可以说，幽默是人类特有的天赋，幽默与智慧相伴。古往今来，许多智者都不乏幽默感，他们的智慧中蕴含着幽默，幽默中隐藏着机智，正如俄国文学家契诃夫所说："不懂得开玩笑的人是没有希望的人！这样的人即使额高七寸、聪明绝顶，也算不上真正有智慧的人。"

某公司职员向经理请假说下午去看牙医，经理便同意他早退。

然而当天下午，经理在办公室看电视转播的棒球赛实况时，却看见那位职员和他的女朋友坐在观众席上。

第二天上班，经理一见到那位职员就责问："你说你昨天看牙医，怎么又跟你女朋友看棒球去了呢？"

那位职员表情一怔，随即回答：

"啊！经理，原来昨天你也在看球赛！坐在我旁边看比赛的那个她，就是我的牙医。"

这位职员的回答很巧妙，谁都不难听出他是在说谎，但是经理见他表现如此机灵，也就一笑置之地原谅了他。

当面临窘境时，如果不懂得灵活反应，只会让自己陷入更加不利的境地。你不妨运用幽默的方式为自己开脱，对方在你的机智话语中也会比较容易谅解你。

第七章　化解尴尬，开心一笑解窘境

谈笑风生，用幽默解决难题

幽默，可以说是一种优秀的品质，是人类独有的。幽默，也可以说是生活的调味品，是人与人之间的润滑剂。

幽默在人际沟通中的作用是不容忽视的。美国一位心理学家说过："幽默是一种最有趣、最有感染力、最具有普遍意义的传递艺术。"幽默的语言，能使社交气氛轻松、融洽，更有利于交流。幽默，常常不直接面对问题，而是采取迂回的方式，所以不会造成冲突。幽默一般都是突然发生，它是出自一种机智，令人叹服。当人们叹服时，往往就会对你产生好感，很容易就接受了你的意见。所以在西方社会，人们称幽默感为一种杰出的能力。在疲劳的旅途上、焦急的等待中，一句幽默语、一个风趣故事，通常能使人笑逐颜开，疲劳顿消。

幽默不仅能够帮助我们与他人沟通与交往，还能帮助我们处理一些人与人之间的摩擦，并使其顺利地渡过难关、解决难题。因此，我们要学会用幽默解决问题。

1. 用反问来回答问题

有时当别人问到自己不知道答案的问题时，可用幽默的反问句回答他，表示对自己所说的怀疑，并要求对方做出评判。当然这个答案要明显错误，甚至有些荒唐，以达到幽默的目的，也摆脱了自己的困境。

中央电视台首次举办幼儿技能大赛，当时男主持人是著名相声演员冯巩。当女主持人问冯巩："你知道3个月的婴儿吃什么最好吗？"冯巩道："该不会是馒头吧？"这一幽默的反问句，不仅使他顺利地度过了电视机前的尴尬瞬间，而且给观众留下了深刻印象。

幽默
让你充满魅力

2. 迂回取道

真假并用，曲折地、间接地，而且带着很大的假定性地把你的意见稍作歪曲，使之变成耐人寻味的样子，通过歪曲形式来使对方领悟你真正的意思。

作者："先生，我这篇小说写得怎样？"

编辑："写得太好了，完全可以发表，不过，有一个地方需要略微改动一下。"

作者："真的吗？那么请你斧正吧！"

编辑："只要将你的名字改成巴尔扎克就行了。"

如果编辑要直说："你这篇小说全文照抄巴尔扎克的。"也许会简洁明了得多，但是太一本正经，太枯燥，太没有趣味了。

3. 大事化小

将事情化小，确实是日常生活中运用幽默力量的好方法。面对生活中可能引起麻烦的事情，我们借助于幽默，共同欢笑一场，就能把这麻烦放到适当的位置而不至于过分忧虑和不悦。

法国哲学家伏尔泰有一个很忠实的小仆人，可他有点懒惰。一天，伏尔泰对他说："儒塞夫，去把我的鞋子拿来。"仆人赶忙殷勤地把鞋子拿来了。伏尔泰一看惊呆了：鞋子上仍然布满着昨天出门时沾的泥土。他问道："你早晨怎么忘记把它擦擦？""用不着，先生。"儒塞夫平静地回答，"路上尽是泥泞污浊，两个小时以后，您的鞋子不又要和现在一样脏吗？"伏尔泰微笑着走出门。仆人在他身后追了上来："先生慢走！钥匙呢？""钥匙？""对，食橱上的钥匙。我还要吃午饭呢。""我的朋友，吃什么午饭呢，两小时以后你也将和现在一样

第七章　化解尴尬，开心一笑解窘境

饿嘛！"

仆人对主人服务不周，当然会引起主人的不快，主人往往会训斥仆人。然而，伏尔泰却以微笑和幽默对待此事，将不愉快之事变得轻松，而且使仆人在笑声中得到教育。

4. 以谬治谬

通过逻辑思维的推断法，先假设对方的观点是正确的，然后再从他的观点中推论出一个荒唐可笑的结论来，同样可以制造幽默，解决难题。

有一个湖南民间故事：巧姑是一个聪明能干的人。她公公张老汉因为有一个这样的媳妇而感到自豪，张老汉在大门上就写了几个大字："万事不求人。"知府的官老爷看到这几个字后，认为张老汉没有把他当回事，一气之下就派人去抓了张老汉，而且为了故意为难他，还要张老汉必须在三天内做好一件事，那就是：要张老汉找到一只小牛犊并且是由公牛王生的。三天过后，知府来了，让张老汉出来见他，并把那只牛犊带来。巧姑说："禀告大人，我公公出去了，没在家里。"知府就厉声喝道："他竟然敢逃跑。"巧姑说："我公公没有逃跑，而是去生孩子了。"知府感到奇怪，就说："世界上只有女人会生孩子，男人哪会生孩子呀？"巧姑立即反驳道："既然男人不能生孩子子，那么公牛王又怎么会生牛犊呢？"知府一时难以应对，只好说："这件事不用他去办了。"

从巧姑的反驳中，可以看出她是这样推理的：如果公牛王能生出牛犊，那么男人就也可以生孩子（即她说公公生孩子去了）。当知府否定男人会生孩子时，巧姑就利用知府的这个观点，然后通过知府的这个否定而推出一个结论：既然男人不会生孩子了，那么公牛王就不会生牛犊。巧姑用幽默、有力的语言反驳了知府。

幽默
　　让你充满魅力

5. 顺水推舟

顾名思义，顺水推舟是指顺着对方的话往下说，让对方难以应对。这种幽默方式的应用需要当事人具有很强的应变能力，能在现场做出即时反应，顺着对方的话让其自食其果，以难堪收场。

　　德国诗人海涅是犹太人，常常遭到无端攻击。有一次晚会上，一个旅行家想借机攻击他，便说："我发现了一个小岛，这个岛上竟然没有犹太人和驴子！"
　　海涅不动声色地说："看来，只有你和我一起去那个岛上，才会弥补这个缺陷！"

这位旅行家本意是取笑海涅的犹太人身份，结果却被海涅顺水推舟，讽刺旅行家就是岛上所缺少的驴子。整个谈话过程中，海涅没有使用一句指责的话，却让对方十分难堪，这可谓是顺水推舟的较高境界了。

幽默不仅能帮己，更是替他人解围的利器

人际交往中，难免会出现不和谐的音符，打破友好的气氛，使得场面陷入尴尬、纷争、僵局等不快的境地。这时，旁观者若是以一两句机智幽默的言语，巧妙地为双方打个圆场，使受窘者的难堪得以摆脱，让自己的形象得到提升，无疑是一件利人利己的大好事。

有这样一个故事：

第七章　化解尴尬，开心一笑解窘境

有一个理发师带了个徒弟。徒弟学艺3个月后，正式上岗。他给第一位顾客理完发，顾客照照镜子说："头发留得太长。"徒弟不语。理发师在一旁笑着解释："头发长使您显得含蓄，这叫藏而不露，很符合您的身份。"顾客听罢，高兴而去。

徒弟给第二位顾客理完发，顾客照照镜子说："头发留得太短。"徒弟不语。理发师笑着解释："头发短使您显得精神、朴实、厚道，让人感到亲切。"顾客听了，欣喜而去。

徒弟给第三位顾客理完发，顾客边交钱边嘟囔："剪个头花这么长的时间。"徒弟不语。理发师马上笑着解释："为'首脑'多花点时间很有必要。您没听说：进门苍头秀士，出门白面书生！"顾客听罢，大笑而去。

徒弟给第四位顾客理完发，顾客边付款边埋怨："用的时间太短了，20分钟就完事了。"徒弟心中慌张，不知所措。理发师马上笑着抢答："如今，时间就是金钱。'顶上功夫'速战速决，为您赢得了时间，您何乐而不为呢？"顾客听了，欢笑告辞。

故事中的这位理发师，真是能说会道。他机智灵活，巧妙地打圆场，每次得体的解说，都使徒弟摆脱了尴尬，让客人转怨为喜，高兴而去。他成功地打圆场的经验，给了我们诸多启示。

打圆场，就是要我们在他人说话陷入僵局或困境时，主动地提供帮助，使其在众人面前顺利摆脱尴尬的境地。这样对方不但会非常感激我们，而且当我们处于同样处境的时候，他也会帮助我们。

俗话说：马有失蹄，人有失手。在交谈中，有时候会因为当事人的不慎而造成应酬气氛的不顺畅，处于尴尬局面，但又无法摆脱，那就需要局外人随机应变，帮其解决。

幽默
让你充满魅力

清末陈树屏做江夏知县的时候，大臣张之洞在湖北做督抚。张之洞与抚军谭继询历来关系不合，有一天，陈树屏在黄鹤楼宴请张、谭等人。有人谈到江面宽窄问题，谭继询说是五里三分，张之洞却故意说是七里三分，双方争执不下，都反唇相讥，谁也不肯丢自己面子。陈树屏知道他们是借题发挥，对两个人这样闹很不满，但是又怕扫了众人的兴，于是灵机一动，从容不迫地拱拱手，言辞谦虚地说："江面在水涨的时候就宽到七里三分，而落潮时便是五里三分。张督抚是指涨潮而言，而抚军大人是指落潮而言。两位大人说得都没错，这有何可怀疑的呢？"张、谭二人本来是信口胡说，由于争辩而下不了台阶，听了陈树屏的这个有趣的圆场，自然无话可说。于是众人一起拍掌大笑，争论便不了了之。张、谭二人对陈树屏都心存感激，不久张之洞便举荐朝廷把陈树屏升至知府。

幽默是一个人的学识、才华、智慧在语言表达中的体现。在人际沟通过程中，幽默的语言如同润滑剂，可以有效地降低人与人之间的"摩擦系数"，化解冲突和矛盾。

在交际场合中，你可以用幽默的语言迅速打开局面，使谈话气氛轻松、融洽。在出现意见或者分歧时，你也可以用幽默的语言缓冲紧张的情绪，摆脱窘境或消除彼此的敌意。

大太监李连英为人机灵、嘴巧，很善于取悦慈禧，常常为慈禧和下属摆脱困境，从而使自己在宫中稳坐太监总管的位子。

慈禧爱看京戏，常以小恩小赏赐艺人一点东西。一次，她看完著名演员杨小楼的戏后，把他召到眼前，指着满桌子的糕点说："这一些赐给你，带回去吧！"

杨小楼叩头谢恩，他不想要糕点，便壮着胆子说："叩谢老佛爷，

第七章 化解尴尬，开心一笑解窘境

这些尊贵之物，奴才不敢领，请……另外恩赐点……"

"要什么？"慈禧心情高兴，并未发怒。

杨小楼又叩头说："老佛爷洪福齐天，不知可否赐个'字'给奴才。"

慈禧听了，一时高兴，便让太监捧来笔墨纸砚。慈禧举笔一挥，就写了一个"福"字。

站在一旁的小王爷，看了慈禧写的字，悄悄地说："福字是'示'字旁，不是'衣'字旁！"杨小楼一看，这字写错了，若拿回去必遭人议论，岂非有欺君之罪；不拿回去也不好，慈禧一怒就会要了自己的命。要也不是，不要也不是，他一时急得直冒冷汗。

气氛一下子紧张起来，慈禧太后也觉得挺不好意思，既不想让杨小楼拿走错字，又不好意思再要过来。

旁边的李连英脑子一动，笑呵呵地说："老佛爷之福，比世上任何人都要多出一'点'呀！"杨小楼一听，脑筋转过弯来，连忙叩首道："老佛爷福多，这万人之上之福，奴才怎么敢领呢！"慈禧正为下不了台而发愁，听这么一说，急忙顺水推舟，笑着说："好吧，隔天再赐你吧。"就这样，李连英为二人摆脱了窘境。

智者善于替人解围，愚者遇事避而远之。在交际场合中，善于适时得体地打圆场，不但能够变难堪为融洽，还可协调人际关系，彰显自己的口才魅力，一举多得，何乐而不为呢？

幽默
让你充满魅力

自我解嘲，化解与他人的尴尬

幽默感一直被人们称为只有聪明人才能驾驭的语言艺术，而自嘲又被称为幽默的最高境界。由此可见，能自嘲的人必须是智者中的智者，高手中的高手。

一天，欧文同朋友去打猎，朋友指着河里的一只野鸭让他开枪。欧文瞄了一下扣动扳机，但没有打中，野鸭飞走了。朋友感到难为情，他却毫不介意，对朋友说："真怪！我还是第一次看到死鸭子能飞。"

这是一句自嘲的话。正是这句话，欧文才让自己摆脱了窘境。这是多么巧妙和有趣啊！

自我解嘲是在自己尴尬的处境下，诙谐地为自己进行辩解或嘲讽。生活中，许多人都是善用自嘲的高手。他们利用自嘲调节气氛、化解尴尬。

美国一位著名女演员，身宽体胖，经常拿自己的体形开玩笑："我不敢穿上白色游泳衣在海里游泳，我一去，飞过上空的美国空军一定会大为紧张，以为他们发现了新大陆。"一句自嘲，并没有降低自己的品位，大家反而觉得这位胖女士有可爱的性格和豁达的心胸。

自嘲无疑是帮助我们摆脱困境的最好的表达方法之一。当言谈陷入窘境时，逃避嘲笑并非良方，但你怒不可遏地反击，也会遭到更多的嘲讽，不如来个超脱，自嘲自讽，反而显得豁达和自信。这种超脱使自己摆脱了"狭隘

第七章 化解尴尬，开心一笑解窘境

的自尊心束缚"，又堵住了别人的嘴巴。

一次，大哲学家苏格拉底与客人谈话时，他脾气暴躁的太太突然跑进来，大骂了苏格拉底一阵之后，还觉得不解气，又提起一桶凉水往苏格拉底头上一淋，把他淋了个落汤鸡。苏格拉底笑了笑，对客人说："我就知道，闪雷之后，必有大雨。"本来就很难堪的场面，被苏格拉底一笑了之。

自嘲是一种幽默的说话方式，也是一个人智慧的体现，它可以协调人与人之间的紧张关系。巧妙地运用自嘲的方式来扭转局面，往往要比大量的解释、道歉来得迅速有效。哈哈一笑中，大家往往能够放下误会，将不快抛之脑后。

清朝乾隆年间，一年中秋，乾隆皇帝召集宠臣在御花园饮酒赏月。乾隆提出要与纪晓岚对句，以助雅兴。他首先吟出上句："玉帝行兵，风力雨箭云旗雷鼓天为阵。"罢后，他得意地朝臣子扫了一遍，把眼光停在晓岚脸上，看他如何回答。纪晓岚沉着得答道："龙王设宴，日灯月烛肴海酒地作盆。"不仅句子妥当，而且"地作盆"较之"天为阵"，在气势更显宏大。乾隆听后，刚才的得意神色黯淡了，纪晓岚见这情景忙解释说："主子为天子，故风雨云雷，任从驱遣，威慑天下；臣乃酒囊饭袋，故视日月山海，都在庭席之中。不难看出，主子好大神威，为臣不过好大肚子罢了。"经他这样自我解嘲。乾隆立刻露出得意之色，说："爱卿饭量虽好，如非学富五车，也不会有这样大的肚子哟！"

自嘲，能制造宽松和谐的交谈气氛，能使自己活得轻松洒脱，使人感到

幽默让你充满魅力

你的可爱和亲和力，有时还能有效地维护面子，树立起自信心。在工作中，它能有效地协调自己与领导、与同事之间的紧张关系。

一次开办公会议的时候，按照惯例大家都要把手机调成振动模式。小张拿出自己新买的手机，熟练地按了几个键后，便放到了口袋里。可是，领导正在讲话时，小张的手机却铃声大作。顿时，领导的讲话停止了，整个会议室里的目光都转向小张。小张一时面露尴尬之色，有些不知所措。但马上他又嬉笑着说："十分抱歉，这手机是我刚买的山寨货，果然很差，振动了还会响铃。"他的自嘲为自己解了围，同事们也乐得呵呵一笑，会场又重新恢复了正常，而领导也没有和他计较，继续讲话。

在与人的交往中，一旦因自己失误而造成尴尬场面，最聪明的办法是：多些调侃，少些掩饰；多些自嘲，少些自以为是；多些低姿态，少些趾高气扬。

用自嘲来处理烦恼与矛盾，会使人心情愉快、其乐融融。一个有幽默感的人不仅能让人觉得很好相处，而且还能深深吸引他人。

鲁迅说过："我的确时时解剖别人，然而更多的时候是更无情地解剖自己。"解剖自己需要勇气，自嘲同样需要勇气，一个敢于自嘲、懂得自嘲的人，必定是个自信的人，人际关系良好的人。

第八章　决战商海，用幽默赢得客户

在商场上，幽默十分重要。幽默是销售过程中的法宝，幽默是维系客户情感的纽带，幽默是与客户沟通心灵的桥梁。风趣幽默的说话是一种特色，它往往使你产生"四两拨千斤"、一言九鼎的办事威力。商场之中，假若你用心增添些幽默元素，就会使生意红红火火。

第八章　决战商海，用幽默赢得客户

跟客户合作，秀出你的幽默感

心理学家认为：幽默是一种最富感染力、最具有普遍传达意义的交际艺术。幽默在人际交往中的作用是不可低估的。俗话说"笑一笑，十年少"，人们大多喜欢和具有幽默感的人交往，因为他们能给人带来一种心灵上的愉悦和轻松。对于销售员来说，要想在商场上来往穿梭、游刃有余，不仅要有良好的心态、专业的知识和技能，还要有幽默的语言动作，让客户在欢笑中喜欢你、接受你；让客户在快乐中欣赏你，购买你的产品。

在一个汽车展示场上，一对年轻夫妇对某款小型汽车的价钱颇有微词。

"这几乎等于一辆大型汽车的价钱了。"那位丈夫抱怨道。

销售员说："当然，如果您喜欢大车的话，同样的价钱，我可以卖给您两台大型拖拉机。"

面对顾客的抱怨，销售员运用幽默表达了他所推销的小型车是物有所值的，在令顾客笑的同时，更容易得到顾客的认同。有时候，顾客的不满很强烈，甚至陷入僵局，请看下面这位售货员是怎样运用幽默打破和顾客之间的僵局的。

在拥挤的百货大楼里，一位女士气愤地对售货员说："幸亏我没有在你们这里找'礼貌'，在这里根本没有'礼貌'。"

幽默让你充满魅力

售货员想了一会，说："你能不能让我瞧瞧'礼貌'的样品？"

女士想了一会儿，会心地笑了。

当自己或单位提供的服务不周到时，采用幽默的方式道歉同时解释原因，能够在笑声中得到顾客的谅解，这正是幽默的力量所在。

在销售中，交易的本身容易让客户充满戒备与敌意，如果销售员能够适当运用幽默的技巧，就可以消除客户的紧张情绪，使整个商谈过程变得轻松愉快，充满人情味。所以，幽默的销售员更能获得客户的欢迎，取得他们的信任，促使交易走向成功。

昆山有一家叫作"泰远"的旅社，它坐落于一个风景名胜区内。曾经有一位销售前往该旅社向这位老板销售券商理财产品，当他与那家旅馆老板进行磋商时，如同一般准客户的反应一样，那位老板这么对他说"这件事情让我再考虑一下，因为我还需要请示一下我的太太"。这家旅馆名叫"泰远"，与"太远"同音，因此在听完他的推脱之词后，这位销售就这么对他说"来到贵店太远，如是太近的话，多来几次也无妨。但是偏偏我却是身居在那遥远的上海……"听了这番话后，那位老板随之忍俊不禁，结果在那一天这位销售人员就谈成了这笔生意。

有时小小的幽默，能发挥出莫大的效果。故事中聪明的销售人员灵机一动，通过旅馆名字的谐音制造了一个小幽默，却产生了出其不意的效果，打动了客户。如果你能让客户开怀大笑，你就能赢得客户，这就是幽默的力量。

一位其貌不扬的推销员每次遇到新客户盯着他看的时候，总是微笑地开口说"你们见过长得像我这么丑的推销员吗"？利用自嘲的方法打开话匣子。这样一来，客户也就不太注意他的"丑"，而是听他介绍产品了。

第八章　决战商海，用幽默赢得客户

幽默往往就是成功营销不可或缺的一大要素。

一个年轻小伙向一位老人推销放大镜，眼看就要成交了，但老人忽然看到小伙子手上有一块刺青，老人立马说不要了。小伙子眼角瞟见老人看到自己有刺青才说不购买的这一举动，小伙子灵机一动说："低价未必没有好货，就像我手上有刺青一样，有刺青的人不一定是流氓，他可能是岳飞。"见到小伙子这么一说，老人家竖起了大拇指，连说："小伙子不错，我买了！"

幽默的人走到哪里都会将笑声带到哪里，如果我们是一个幽默的销售员，那么在整个交易过程中，将会给客户带来很多快乐，使客户倍感轻松。所以在销售过程中，不妨在适当的时机来点小幽默，缓和与客户之间对立的气氛，更快地达到彼此合作的目的。

如果你能让客户大笑，你就能让客户购买

幽默是销售过程中应该掌握的最重要的沟通技巧。它具有很大的感染力和吸引力，能迅速打开顾客的心灵之门，让顾客在会心一笑后，对你、对商品或服务产生好感，从而诱发购买动机，促成交易的达成。

在一家豪华商店，一位男顾客指着一个瓶子问女售货员："小姐，这种清凉饮料好喝吗？"

"当然好喝。不信，您只要尝上一杯就会后悔的。"

幽默
让你充满魅力

"后悔尝了这杯饮料?"顾客吃惊地问。

"不,后悔没有早点喝。"女售货员笑着说。

顾客也笑了,说:"好吧,那我就买一瓶!"

推销商品是一件艰辛的工作,每一个成功的推销员除了具备绝对的自信外,还需要有幽默细胞。

在商业活动中,幽默的作用很大,如果使用得当,会给你带来很大的利益。

原一平曾经为自己矮小的身材而苦恼过,但后来他想通了,遗传基因是难以改变的,克服矮小的最佳办法就是坦然接受,然后设法将缺点转化为优点。

有一次,原一平的上司高木金次对他说:"体格魁梧的人,看起来相貌堂堂,在交际时较易获得别人的好感;身体矮小的人,在这方面要吃大亏。你、我均属身材矮小的人,我认为必须以表情取胜。"

原一平从这番话中获得了很大启发。从那时起,他就以独特的矮小身材,配上他经过苦练得来的各种幽默表情和幽默语言,经常逗得大家哈哈大笑,令人觉得他很可爱。如他登门向人家推销保险业务时,经常有以下一些对话。

"您好!我是××保险公司的原一平。"

"啊!你们公司的业务员昨天才来过,我最讨厌保险了,所以他被我拒绝了!"

"是吗?不过,我比昨天那位同事英俊潇洒吧!"原一平一本正经地说。

"什么?昨天那个仁兄长得瘦瘦高高的,哈哈,比你好看多了。"

"矮个子没坏人,再说辣椒是越小越辣哟!"

"哈哈!你这个人真有意思。"

第八章　决战商海，用幽默赢得客户

就这样，原一平与每一个客户交谈后，都能给客户留下深刻的印象，生意往往就这样做成了。原一平以出色的幽默推销法连年取得全国最佳的推销业绩，被尊称为"推销之神"。

由此可见，爽朗的性格和幽默的谈吐都是赢得对方好感的重要因素。具备爽朗的性格和幽默的谈吐，有助于你营造一个愉快的销售氛围。

那么为什么爽朗和幽默的性格能吸引别人呢？这便要从人的心理角度来分析。人是一种矛盾的动物，他一方面不堪忍受孤独寂寞，要与他人交流沟通，具有群居性；另一方面人们对陌生人总有一种戒备心和恐惧感。所以，碰到陌生人的第一个反应便是关起心扉；然而人还想去了解、探察别人。如果这个陌生人表现出爽朗、善意、幽默的谈吐，对方便会慢慢了解到你并不是"来者不善"，从而谨慎地打开心扉。

在与客户的沟通中，幽默语言不仅可以缓和谈话的气氛、打破僵局，还可以用幽默的语言刺激顾客的消费意识，让顾客在不知不觉中进入你设好"圈套"。

成功的沟通，源自语言的艺术。出色的销售人员，是一个懂得如何把语言艺术融入商品销售中的人。美国一项有329家大公司参加的幽默意见调查表明：97%的销售人员认为，幽默在销售中具有很重要的价值；60%的人甚至相信，幽默感决定销售事业成功的程度。

对于销售人员而言，把幽默带进销售领域，创造一个与顾客齐声欢笑的场面，形成幽默的销售艺术风格，在激烈的市场竞争中就会多一分获胜的希望和意外的欣喜。

幽默 让你充满魅力

在谈判中幽默地说服对手

对各种各样谈判都能稳操胜券的美国人荷伯·科思认为，世界是一张巨大的谈判桌。这话很有道理。我们每个人在社会生活中都不可避免地与他人接触。个人的，团体的，或为荣誉，或为金钱，或为地位，或为自由……这样，你就自觉或不自觉地成为谈判的参与者。

在一般人的心目中，谈判是很庄重与严肃的。其实，谈判中采用幽默元素，可以缓和紧张形势，促成友好和谐的气氛，无形中也就缩短了双方的心理距离，减弱了对立感。

1943年，英国首相丘吉尔和法国总统戴高乐由于对叙利亚问题的意见存在分歧，两人心存芥蒂。直接原因是戴高乐宣布逮捕布瓦松总督，而此人正是丘吉尔颇为看重的人物。要解决这一件令双方都感棘手的事，只有依靠卓有实效的会晤了。

丘吉尔的法语讲得不是很好，但是，戴高乐的英语却讲得相当漂亮。这一点，是当时戴高乐的随员们以及丘吉尔的大使达夫·库柏早就知道的。

这一天，丘吉尔是这样开场的：他先用法语说道"女士们先去逛市场，戴高乐和其他的先生跟我去花园聊天"。然后他用足以让人听清的英语对达夫·库柏说了几句话："我用法语对付得不错吧，是不是？既然戴高乐将军英语说得那么好，他完全可以理解我的法语。"语音未落，戴高乐及众人听后哄堂大笑。

丘吉尔的这番幽默消除了谈判双方的紧张情绪，营造了良好的会谈气

第八章 决战商海，用幽默赢得客户

氛，使谈判在和谐信任中进行下去。在谈判开始后，礼貌问候对方，轻松地引入谈判的话题，讲究策略，有理有节，求同存异，必要时运用一些幽默诙谐的语言，放松一下绷得太紧的心弦，可以营造出轻松愉快的气氛。

有一次，美国总统杜鲁门与墨西哥总统就美墨之间的国界问题进行谈判，由于彼此互不相让，瓦斯弥漫，谈判似乎随时都会破裂。

看到这种情形，杜鲁门不慌不忙，立刻请求暂时休会，然后大家开始喝咖啡聊天。他说了一则笑话，大家笑得人仰马翻。墨西哥总统也随之说了几则墨西哥的笑话，增添了诸多和谐的气氛。

回到谈判桌后，气氛变得非常融洽，诸多难题迎刃而解，谈判大功告成。

可见，幽默能使你在谈判中如鱼得水，常常在"山重水复疑无路"时变得"柳暗花明又一村"。

适度的幽默对营造良好的谈判气氛有很大作用：让大家精神放松，进一步密切双方关系等。

谈判时运用幽默口才，可以在一定程度上打破僵局，争取主动。

世界第一位女大使柯伦泰曾被任命为苏联驻挪威全权贸易代表。

一次，她和挪威商人谈判购买挪威鲱鱼，挪威商人出价高得惊人，她的出价也低得让人意外。双方开始讨价还价，在激烈的争辩中，双方都试图削弱对方的信心，互不让步，谈判陷入僵局。最后柯伦泰笑笑说："好吧，我接受你们提出的价格。如果我们政府不接受这个价格，我愿意用自己的工资来支付差额。但是，这自然要分期支付，可能要分期支付一辈子了。"

挪威商人在这样一个谈判对手面前无计可施，只好同意将鲱鱼的价格降到柯伦泰认可的限度。

幽默
让你充满魅力

推销其实也是一次很有挑战性的谈判,你要说服对方买你的产品,那么就要有一定的谈判技巧。其中,幽默可以说是每个成功的推销员所必备的素质。

某公司的采购员小王有一天接到一个供货商的电话,通知他产品要提价,因为事前没有一点风声,而提价的幅度又明显过高,于是两人发生了一些争执,小王明显感觉到气氛已经到了剑拔弩张的地步,如果再继续下去,后果对自己肯定不利,于是他灵机一动,蹦出一句电影中的台词:"你见过我这么帅的代理商吗?""嗯?"对方先是一愣,然后笑了起来,过了一会儿回答说:"你要是真的帅,我一定给你全球最低价;要是不帅,我就给你全国最低价,你看这样行不?"小王看到有转机,紧张的气氛得以缓解,双方都做了一些让步,最后商定在近一段时期内先不提价,但运费由小王来承担。

很多时候,你的幽默解放的是自己的心情,同样也是对方的心情。试想一下,既然双方坐下来谈判,那最起码表明双方都有达成共识的意向,谈判陷入僵局,其实是双方都不愿意看到的。因而,一方的幽默话语就如同给了对方一个大台阶,事情的情势也就在这一刻发生了扭转。

幽默让商务活动轻松愉快

商场如战场。生意场上,强手如林,竞争激烈,如何赢得顾客,使谈判成功,这里面很有文章。运用机智,巧用幽默,将使你赢得顾客的信任,从而旗开得胜、生意兴隆。

第八章　决战商海，用幽默赢得客户

有一个业务人员陪同外宾到一家中餐厅就餐。第一道菜是冷拼龙虾，他幽默地用英语向外宾解释说："这是小虾的祖父。"并很夸张地比画，表示是个很大的虾。外宾们笑了，一个聪明的女外宾猜到了是龙虾。

第二道菜端上来了，是清炖母鸡。这次，他用英语说："这是公鸡的妻子。"并学了几声母鸡叫的声音。外宾再一次被他的幽默逗笑了，这次一个男外宾猜出了是母鸡。

第三道菜是烤鸭。他又说："这是鸡的堂兄。"他学了几声鸭子叫，并模仿了鸭子走路的动作……在整个上菜的过程中，他都用幽默的方式说出了菜名。

这个业务员的幽默给外宾留下了深刻的印象，最终外宾选择了这家公司，合作完成一个项目的开发工作。

在商务活动中，一个人如果能够拥有幽默的口才，他就会利用巧言妙语展开业务，并把话说到顾客的心坎里，从而让自己的语言更贴近顾客，促进商务活动进一步展开。

在商务活动中，我们会接触到很多客户。不论你喜欢与否，我们都要认真地与之相处。运用幽默的语言对待客户，可以消除与客户之间的陌生感，使整个商务活动充满轻松和愉快。

幽默不仅可以创造轻松的气氛，而且还能为商务活动创造一个良好的环境。更为重要的是，它就像一架梯子，助你继续向上攀登，取得商务活动的成功。

在商务活动的许多环节中，利用幽默对待顾客也是一种艺术。巧妙地用幽默对待顾客，可以达到化解不利，改变气氛的目的。

小汪是一位推销钢化玻璃酒杯的推销员。一天，他当着许多客户进行示范表演。为了说明酒杯的经久耐用，他把一只酒杯扔在地上。出乎

幽默让你充满魅力

意料的是,这只酒杯"啪"的一声碎了。

客户们都睁大了眼睛,疑惑不解。小汪的心里也"咯噔"了一下,但他立即恢复了平静,沉着而富于幽默地对顾客说:"像这样的杯子我是不会卖给你们的。"

听了小汪的话之后,大家都轻松地笑了,以为第一次砸碎杯子是为了引出下面的表演,吊大家的胃口,场内气氛顿时活跃起来。小汪乘机又扔了五六个杯子,都取得了成功,一下子博得了顾客的信任,售出了几十打酒杯。

小汪之前没想到会失误,对于突如其来的状况只有随机应变。小汪运用幽默来了个顺水推舟,让突发的状况成为商务推销的一个环节,从而产生强烈的幽默效果,达到了既定的商务推销目的。

反应迅速是幽默谈吐的特点之一,而一个思维敏捷的商务人士,总能够以自己幽默的谈吐对待顾客,赢取顾客的好感。

在一个促销会上,一位青年来到了一家促销刮脸刀的销售人员面前。他说:"先生,我想购买你们广告宣传的刮脸刀。"他停了一下,说:"十分抱歉,我忘了带钱,但我完全相信,像你们这样注重信誉的厂家,同样也会把刮脸刀卖给我的。"

面对这种情况,销售人员马上回答:"尊敬的先生,我们现在就卖给你刮脸刀一把,希望你能喜欢。"销售人员也停了一下,然后说:"但是我们毫不怀疑,像你这样顾全脸面的人,是暂时不会把它拿走的。"

在商务活动中,我们难免会遇到困难,有时还会面对他人不合理的要求。这时用幽默来应对,会使你与顾客之间的关系更加和谐,活跃商务活动的气氛,减轻商务活动的压力,让商场的气氛变得轻松活跃,并能促成商务活动的成功。

第八章　决战商海，用幽默赢得客户

一位母亲怒气冲冲地闯进一家商场。她来到销售糖果的营业员面前，大声地向她吼道："我儿子总是在你们这里买糖果，为什么他每次买的糖果都缺斤短两？"

营业员并没有惊慌，她仔细想了一下，猜出了其中的原因。于是她礼貌地回答："这位大姐，请不要生气，你为什么不称称你那个宝贝儿子，看看他的体重是否增加了？"

这位母亲先是一愣，然后就明白了是怎么一回事。

幽默是人际关系的润滑剂，有时利用幽默反驳对方无理的观点，不失为一种明智的方法。

面对形形色色的顾客，不直接表达对对方所提苛刻要求的不满，而是按照对方的思路，用幽默的方法对顾客进行劝说或反驳，可以减少与顾客的矛盾，让商务活动更顺利地进行。

在商务活动中，当顾客表现出疑虑的情绪，可以用幽默来化解。这样可以为商业活动营造良好的气氛，联络与顾客的感情，达到商务活动的目的。

一次，一个推销员正在推销T型绘图尺："大家看呀，这些T型绘图尺是多么牢固，任凭你怎么折都不会折断。"为了证明尺子的坚固程度，推销员捏着一把T型绘图尺的两端使劲地想把它折弯。突然"啪"的一声，他手中的尺子断成了两截。

人们的目光中流露出疑惑的神色，有人甚至走了出去，很显然，人们对尺子的质量感到怀疑。

推销员见状，把折断的尺子高高地举了起来，大声说道："女士们，先生们，这就是T型绘图尺内部的样子。"人们哄的一声笑了起来，虽然他们有疑虑的情绪，但在推销员的幽默感染之下，还是有人买了不少尺子。

幽默
让你充满魅力

　　如果每一位推销员都有这样开朗洒脱的心境，又何愁产品销路不畅呢？

　　疑虑会使顾客产生不快，给商业活动带来不必要的麻烦。此时，商务人员用一句幽默的话语就能令顾客会心一笑，消除顾客的疑虑，争取到顾客的信任。

第九章 浪漫满屋，用幽默来经营爱情

有位名人曾说过，幽默是恋爱生活中不可或缺的因素，其地位不亚于甜言蜜语、海誓山盟。的确，赢得爱情需要一颗真诚的心、一份诚挚的情，更需要机智与幽默。我们要善于运用幽默抓住身边的每个机会，用幽默的语言表达出我们内心炙热的爱恋。

第九章 浪漫满屋，用幽默来经营爱情

用幽默打开对方心扉

生命是一朵花，爱情是花的蜜，而幽默则是采花酿蜜的蜜蜂。

爱是男女之间的感情交汇。男人和女人是这个世界上最奇妙的存在。怪不得英国作家夏洛蒂·勃朗特说："男人是太阳，女人是月亮。太阳和月亮的光糅在一起，就会组成一个美妙的世界。"

在这个世界里，幽默始终扮演着一个守护神的角色，在危急时刻，它给人提供安全感；在消极时刻，它会引导事物向积极方向发展。

正如劳伦斯所说："世俗生活中最有价值的就是幽默感。作为世俗生活的一部分，爱情生活也需要幽默感。过分的激情或过度的严肃都是错误的，两者都不能持久。"

对于一对恋人来说，双方间的默契和幽默感具有一种特殊的作用：它使双方在片刻之中发现许多共同的美好——从前的、现在的、将来的，从而使时间和空间暂时消失，只留下美好欢乐的感觉。

实践证明，幽默的语言能唤起爱情之火。日本幽默大师秋田实也曾说过，幽默是爱情的催化剂。如果我们仔细观察不难发现，那些缺乏幽默感、说起话来索然无味者都很难在爱情中一帆风顺，而那些富有幽默感的人在追逐爱情时往往能够促使感情快速增进，顺利步入爱情的殿堂，即使最终没能情场得意，至少，还能保留一份美好的回忆，不会让自己太尴尬，更不会给两人以后的交往造成障碍。

幽默
让你充满魅力

电影《阿飞正传》中就有一段很有创意的幽默情话：

在一个慵懒的下午，阿飞对着苏立珍说："看着我的表，就一分钟。16日，4月16日。1960年4月16日下午3点之前的一分钟你和我在一起，因为你我会记住这一分钟。从现在开始我们就是一分钟的朋友，这是事实，你改变不了，因为已经过去了。我明天会再来。"

这段浪漫又幽默的情话，相信没有几个人可以抵挡得住，反正苏立珍没有，下面是她的内心独白：

我不知道他有没有因为我而记住那一分钟，但我一直都记着这个人。之后他真的每天都来，我们就从一分钟的朋友变成两分钟的朋友，没多久，我们每天至少见一个小时。

这些虽然是电影里虚构的情节，但是，现实生活中也有这样的故事。

有一个男孩就是用这种新颖的赞美方式，射中了自己的"白雪公主"，并娶其为妻。妻子幸福地诉说着他们浪漫的爱情：

"当我在一所大学里做兼职银行出纳员时，一个帅气的小伙子几乎每天都要到我的窗口来。他不是存款就是取钱。直到有一天他把一张纸条连同银行存折一起交给我时，我才明白他是为了我才这么做的。

"'亲爱的婕，我一直储蓄着这个想法，期望能得到利息。如果周五有空，你能把自己存在电影院里我旁边的那个座位上吗？我把你可能已另有约会的猜测记在账本上了。如果真是这样，我将取出我的要求，把它安排在星期六。我想你不会认为这要求太过分吧？以后来同你核对。真诚的杰。'

"我无法抵制这诱人、新颖的求爱方式。"

第九章　浪漫满屋，用幽默来经营爱情

幽默感可以洋溢于日常生活的每一个空间，而在恋爱、婚姻、家庭这个领域，古今中外的幽默大师更是留下了一片色彩斑斓的幽默世界。你不难发现，这类幽默故事和材料本身就像一座开采不尽的矿藏，随时挖取出来稍作加工便可以美化、"乐化"你的生活，增添你生活中的笑声。你如果有兴趣、悟性又好，就可以在现实生活中创造出属于自己的幽默。一旦找到了这个途径，你在恋人面前就有了难得的新魅力，你就像她嚼的橄榄一样，有说不尽的奇特味道、挡不住的感觉。

众所周知，马克思是无产阶级的精神领袖、国际共产主义运动的先驱，却鲜有人知，马克思也是一位情场高手，他在向燕妮求爱时就恰当地运用了幽默的求爱技巧：

马克思在认识燕妮不久，就发现已经爱上了这位美丽而可爱的姑娘，但他一直没有想好怎样表白。一天黄昏，他俩又相约在河畔的草坪上，马克思做好了准备向燕妮求爱。他说："燕妮，我想告诉你，我爱上了一个人，准备向她求爱，但是不知她是否会同意？"

燕妮对马克思口中的"她"早已心知肚明，但仍然反问："是吗？那个人是谁呀？"

马克思说："我这里有一张她的照片，你想看看吗？"说着，马克思拿出一只精制的木匣递过去，燕妮点了点头，接了过来。

打开一看，里面并没有照片，只有一面小镜子，正好映照出燕妮羞红了的脸庞，她无声的语言已经表明了自己的态度——接受了马克思的求爱。

马克思所用的这种幽默的求爱方式，在今天看来，可效仿指数也是相当高的。你不妨也在求爱的时候运用这种方法，成本很低，只需要一面镜子就

幽默
让你充满魅力

可以了。当她看到镜子里的自己，你可以看着她的眼睛说这样一句话："一个世纪前，伟大的马克思用这种方式向他最爱的人求爱。今天，我效仿马克思做同样的事情，也希望能获得同样的结果，希望我们能像马克思和燕妮一样恩恩爱爱，白头偕老。"这样一来，你觉得她还能不被你的浪漫和幽默感动吗？

在爱情中，幽默总是具有神奇的力量，它像助推器，推动爱情之星扶摇直上；它也像大功率的发动机，推动爱情之舟一路向前。当然，幽默求爱不仅仅是男人的专利，女人也同样可以利用这种方式征服你的心上人。

著名将领冯玉祥的妻子就是以幽默的方式赢得了他的好感，从而成就了一段美好的姻缘。

原来，冯玉祥在面对众多相亲的对象时总喜欢先问一个问题："你为什么愿意同我结婚？"有的姑娘羞涩地表示，自己的理想就是做一名官太太；有的满怀倾慕地说："你是英雄，我崇拜你、敬佩你。"对她们的回答，冯玉祥均不置可否，一笑了之。后来他遇到皮肤黝黑、相貌平平的李德全，同样的问题，她却回答："上帝怕你办坏事，派我来监督你。"

这个答案让冯玉祥大为欣赏，两人一见钟情，进一步接触后，最终结为伉俪。

很多女孩可能都为这样的事情头痛过，爱上了一个小伙子，而那小伙子虽然也有些喜欢自己却呆头呆脑地迟迟不开口表达爱意，如果你不主动出击，那么可能等到头发白了也等不到那句渴望已久的表白。此刻，最佳的办法就是用幽默而含蓄的暗示去开启爱人的心扉。

第九章　浪漫满屋，用幽默来经营爱情

一天傍晚，一位少女和一位她心仪已久的英俊男子在一条僻静的乡村道上并肩走着。天渐渐黑下来。少女渐渐放慢了脚步，对男子说，"我不敢跟你在这里一道走，我怕万一你想吻我。"

男子吃惊地说："怎么可能呢？我肩上背着一只大桶，左手提着一只肉鸡，右手拿着一根拐杖，同时还牵着一头山羊……"

"那可难说。"少女以玩笑的口吻说，"假如你把拐杖插入泥中，将羊拴在上面，把鸡放在桶里呢？"

爱的表达需要一些技巧，需要花费一番心思，而运用幽默的方式向对方求爱则可收到良好的效果。

在恋爱方面，常常有人因为不知道如何求爱，或因方法不当，或因言语不得体，使对方产生误解，甚至厌恶反感，把本应是一件美好的事情变成了一件非常糟糕的事情。而幽默求爱的方式，既充满情趣，又不失快乐，哪个人能够轻易拒绝？

用幽默留住一见钟情

如果有一天，你"梦里寻她千百度"的梦中情人突然出现在"灯火阑珊处"，你该怎么办？

我们来看看法国著名领袖戴高乐将军是怎么做的。

在1920年巴黎的一次舞会上，上尉戴高乐邀请汪杜洛小姐跳舞时说：

"我有幸认识你，小姐，我非常荣幸，是一种莫名其妙的荣

幽默让你充满魅力

幸……"而汪杜洛则说:"上尉先生,我不知道还有比您的话更动听、比此刻的时光更美丽的事物了……"

他们一边跳着舞,一边倾诉着。当跳完第六支舞曲时,已经山盟海誓,定下终身了。

这闪电式的恋爱,的确是一见钟情。戴高乐将军的成功除了他本身所具有的魅力外,还在于他对汪杜洛小姐发自内心的真诚的赞美。他那句"是一种莫名其妙的荣幸"也带有一丝淡淡的幽默味道。

现实中,面对漂亮的女孩,有许多男孩不敢尝试,担心会遭到对方的拒绝。而事实上,几乎所有的女孩都以被众多的男士追求而感到骄傲和自豪。所以,以一颗幽默的平常心,走向心仪的女孩,勇敢地与中意的姑娘攀谈,勇敢地把握相爱的机遇,你就可能收获爱情的甜蜜。

曾担任过国务卿的美国五星上将卡特利特·马歇尔在他驻地的一次酒会上,对一位小姐非常有好感,酒会结束后,他便主动要求送这位小姐回家。这位小姐的家其实就住附近,可是马歇尔却开了一个多小时的车才把她送到家门口。

"你来这儿不久吧?"她笑着问,"你好像对这边的路不是很熟……"

"我可不这样认为,如果我对这个地方不太熟悉,我怎么能够开一个多小时的车都没有经过你家门口一次呢?"

那位小姐听完明白了他的意思,羞涩地笑了。

有句俗话说:"笑了,事情就好办了。"不管对方是什么性格,如果她肯展现出妩媚的笑容,那下一步就容易了。

第九章　浪漫满屋，用幽默来经营爱情

一位男生看上了新闻系一位漂亮的女孩，但却不知道她的名字，也一直苦恼没有机会与她搭讪和接触。

有一次，机会终于来了，他看见那位女孩独自走进牛肉面馆，他便毫不迟疑地跟进去。

那女孩纳闷地抬头看着他，说："我叫意大利面啊！"

男生红着脸"噢"了一声，改口道："那么，我也给自己起个面名吧，我就叫加州牛肉面。"

女孩冷漠的脸上立刻露出灿烂的笑容。后来，这位"意大利面"果真成了"加州牛肉面"的妻子。这就是幽默的神奇效果。

与女孩子第一次接触时，许多男孩子最惯用的办法是把预先设计好的程序、语言抛出来。甚至有些男生提前准备一张纸条，见面之后塞给对方了事。

然而，这种办法在多数情况下效果并不理想，因为我们根本无法预知实际的情形，什么样的场合，在场的有哪些人，对方的态度会是什么样子，说什么话更合适，等等。而幽默的使用是不需要预先设定的，它总是敏感地捕捉到现场的信息，产生良好效果，逗得对方发笑。

老一代著名电影艺术家、曾被誉为中国影坛上"一朵奇葩"的赵丹与黄宗英的结合，很大程度上取决于第一次见面时赵丹的幽默。20世纪40年代，二人相识于一部电影。在没有见面之前，赵丹就对黄宗英倾心不已。

当第一次见面时，他们有了下面的对话。

黄宗英说："真没有想到，你会来接我。"

幽默
让你充满魅力

赵丹问:"为什么我就不能来接你?"

黄宗英说:"你家里就没有一点事?"

赵丹答:"家?我早就没有家了。"

黄宗英不解地问:"我不明白,大上海有那么多明星,你为什么千里迢迢要我来?"

赵丹回答道:"这叫千鸟易得,一凤难求。"

作为一位艺术大师,赵丹在寒暄中三言两语就把自己的家庭、婚姻及追求表达得淋漓尽致,他用轻松幽默的谈吐赢得了黄宗英的好感,争取了凤求凰的主动,使他们的珠联璧合有了良好的开端。

初谙世事的女孩子总希望与有修养的优秀男孩相识、交往,但许多人连相识这一关都过不了。许多女孩切身感受到,与男孩搭讪,说第一句话面临的最大困难就是沟通。那么,女孩子该怎样用幽默的方式同"一见钟情式"的恋人交谈呢?来看看下面这个例子吧。

莉娜是个朴素热情、富于幻想、热爱自然的姑娘。当她第一眼看到约翰后就爱上了他,并大胆幽默地向他表白:"你在我的梦里出现过,我知道,你是上帝派到我这里来的,这虽不可捉摸,我却已经感觉到。你会成为我终生的保护者吗?"

莉娜对约翰真可谓是一见钟情。但通常情况下,一见钟情的爱恋,是由爱恋双方的直觉感官产生的,是由对方的形象、印象决定的,如外貌、风度、言谈举止等,这些因素使男女双方的"钟情"往往产生于"一见"之际。

第九章　浪漫满屋，用幽默来经营爱情

在一次社交聚会中，一位男士对坐在对面的女士产生了好感，为了引起她的注意，他说："见到你很高兴，你丈夫怎么没来？"

"对不起，我还没有出嫁。"

"明白了，你丈夫是个光棍。"

这位女士先是被男士问得十分尴尬，但马上被男士的话逗得笑了起来。男士带有冒犯性的问话没有惹恼女士，女士从男士的答话中体味到他的幽默举止。后来，他们真的成了一对情侣。

美好的爱情往往是可遇不可求的，我们要善于运用幽默抓住身边的每一个机会，在一见钟情的时候，用幽默的语言表达出我们内心深沉的爱恋。

在你的求爱中加入点幽默，相信它能让你的"一见钟情"变成真正的"情定终身"。

用幽默助燃爱情之火

恋爱只有通过交谈，才会有"恋"有"爱"，而语言的幽默如同牛奶中的蜂蜜，它能增添美妙的滋味，促使感情升温。

爱情需要感情做基础，但这并不说明爱情与说话能力毫无关系，感情的培养同说话有密切的联系。谈情说爱就着重于"谈、说"二字。如果能采用幽默的语言，对于爱情将不无好处。

1949年，当接近不惑之年的罗纳德·里根结识了28岁的南希时，爱情之火在他心中燃起。他虽然面临着电影事业上的困境，但他侃侃而谈，最终以充满热情的幽默打开了南希的芳心。从此，每当里根谈话，

幽默
让你充满魅力

南希总是凝视着他，全神贯注地倾听着那富有趣味的妙语。

一直以来，爱情都是神圣而温馨的话题。爱情不是苦苦追寻，不是强扭硬缠，而是心与心的交流，是情与情的互换。有的人一见钟情，婚姻美满；有的人"马拉松式"恋爱，最终分道扬镳。赢得知音、赢得爱情需要一颗真诚的心、一种诚挚的情，更需要机智与幽默的表达。

许多姑娘公开宣称："我要寻觅的郎君应该具有幽默感。"会说笑话、具有幽默感的小伙子往往更受姑娘们的青睐。

曾经有一位相貌平平、身高不过一米六五的小伙子，竟追上了校花。而且更不可思议的是，离开学校后，他们俩还真的走入了婚姻的殿堂。结婚那天，同学们叫当年的校花披露小伙子的绝招，校花抿嘴一笑："他是个幽默冠军！"顿时一片吁声，大家都没想到幽默竟有如此魅力。

一位数学家同女友在公园散步，女友问他："我满脸雀斑，你真的不介意？"数学家温柔地回答："绝对不！我生来就爱小数点。"顿时，姑娘在又嗔又怪之余，心中泛起阵阵爱的涟漪。

我们都知道，法国人最懂浪漫，下面我们就来领略一下法国人浪漫的求爱方式。

法国小伙子爱上了一位姑娘。一天，他又来到姑娘家，两个人在火炉边烤火。突然他说道："你的火炉跟我妈妈的火炉一模一样。"

"是吗？"姑娘漫不经心地应道。她还以为这是小伙子随便说的一句话。

第九章　浪漫满屋，用幽默来经营爱情

"你觉得在我家的炉子上你也能烘出同样的碎肉馅饼吗？"他幽默地问。

姑娘愣了一下，随即悟出了问话所隐含的意义。她羞涩地答道："我可以去试试呀！"

一个普通的火炉、一种碎肉馅饼都被这个法国青年作为求爱的工具，与如此幽默风趣、含蓄委婉、浪漫机智的男青年在一起，姑娘的幸福可想而知。

在恋爱中，幽默是一种润滑剂，它能让恋人间一些不好的言语或容易产生矛盾的事情在笑声中得到解决。这样久而久之，恋人间的感情自然也就会得到升华。

小李和女友谈恋爱半年多了，一直很想拥抱一下她，但不确定女友是什么态度，害怕自己的粗鲁会吓坏女友。

一个月牙当空的夜晚，万籁俱寂，小李和女友在公园的长椅上坐着休息。看着月光下女友迷人的脸庞，小李说："亲爱的，听说真心相爱的人会有一个普遍规律，那就是男子手臂的长度等于女子的腰围。你相信吗？"

"是真的吗？"女友睁大了眼睛问道，"嗯，要不，你试试看……"就这样，小李顺理成章地拥抱了女友。两个人的感情也越来越好了。

有时候不一定非要男人幽默，女人也可以幽默，这样两个人的关系才会更和谐，才会让恋人陶醉在爱情中，享受爱情的甜蜜。运用幽默的话语博得恋人一笑，不只是小伙子的专利，恋爱中的姑娘充满智慧趣语更能打动人。

幽默
让你充满魅力

当一位小伙子为把钥匙忘在咖啡厅而非常懊恼之时，女友对他说："钥匙忘了没关系，别把我忘了就好。"两人相视而笑，这点小小的不快一下子就消失了。

无数事实证明，男女之间互相怀有好感，长出了感情的幼芽，是否使它健康地生长，直到开出花朵，结出果实，如何浇灌语言之水是其中一个重要的因素。

如果你懂得在你和恋人之间使用幽默口才，那么就会发现这会为你的恋爱生活平添许多快乐。恋人间的幽默是一种永远迷人的诱惑，是一种无人能抵挡的诱惑。

用幽默化解恋人的醋意

"小心眼儿"是很多热恋中的情侣经常出现的情绪，当对方醋意大发的时候，你的幽默感就显得尤为重要了。

一对恋人参加聚会，女孩子发现男朋友一直在不停地偷看身边坐着的那位艳丽的女郎，而对另一边的自己不闻不问。于是，便在他身边悄悄说道："你和她说句话吧，不然别人会以为她是你的未婚妻的！"

看，这女孩子多聪明，一下就把男朋友从失态中唤回来了。这种钝化了的攻击，又满含着一点醋意的撒娇，相信任何男人都会接受，而且会觉得非常可爱。

第九章　浪漫满屋，用幽默来经营爱情

一位刚刚荣升某大企业总经理的男士，在办完所有的交接手续后，就和他的女友开车去野外溜达，放松心情。

半路上他们到一个加油站加油。他说自己有些累了，想休息一会儿，就叫女友下去加油而自己留在车上。没想到女友和加油站的老板有说有笑，非常开心，而且临走时还互相握了一下手，这时他就心生醋意。加完油，女友回到车上。

"刚才你和那个站长真是有说有笑啊！"他不高兴地说。"他是我的高中同学，还有过一段感情！"女友说。

"你呀，如果当初选择了他，现在就只是加油站站长的女友，哪里会是总经理的女友呢！"他有点吃醋地说。

"你要搞清楚，如果我当初选择了他，现在当总经理的就不会是你，而是他了！"女友很认真地回答。

对于爱吃醋的一方，可以借用幽默避其锋芒，转弯抹角地将对方的醋意淡化，而又不刺伤对方，同时也可以消除对方的怨气，保护双方的爱情。

一日，女孩去男友家里玩，在男友抽屉里竟翻出一大沓美女相片，女孩马上就吃起醋来。

男友扔之不忍，留之不行，灵机一动，在每张相片背后写上一句："再美美不过我的女朋友。"

女孩方才眉开眼笑。

其实，"醋意"人皆有之，不管是男人还是女人，从某种意义上讲，没有了醋意，也就没有了爱情。但是"醋意"大到敏感、猜疑、神经质，以

幽默
让你充满魅力

至于影响到恋人之间情感的程度就不好了，醋吃得适量可以开胃，吃多了伤身。

有一次在电梯里，只有3个人。一位男士目不转睛地注视着站在前面的一位美丽的长发女郎，他的女友很不高兴。

突然，那个女郎转过身来，给了这位男士一记耳光，说道："我教训你下次别偷捏女孩子！"

当这对恋人走出电梯时，这位男士委屈地对女友说："我并没有捏她呀！"

"我知道，"女友说，"不过，我捏了她。"

适当的时候，两人彼此之间经常开些小玩笑，可以丰富两人的感情生活。但这位男士的女友实在做得有点过分，以至于让自己的男友挨了别人的耳光，试想如果男友的脾气不好，两个人必然会发生矛盾。可见，恋爱中，一方虽然能够通过幽默的方式借题发挥，化解对另一方的醋意，但是，这种幽默也要把握分寸，不要给双方之间的感情造成不良影响。

导演彼得的夫人平时工作很忙碌，对他疏于关心，某日，彼得实在无法忍受，佯装睡着故意说梦话给坐在旁边看书的夫人听："亲爱的，我太爱你了，我这次就回去把我老婆给……"他的眼睛睁着一条小缝，看到夫人正醋意十足地盯着他。他马上重新闭上眼，翻了个身，得意地说："好，就用这样的语气来说，非常好，开拍！"

不难看出，彼得的做法取得了非常理想的效果。幽默运用得巧妙，往往能使男女之间的醋意变得温和、恬淡而富有情趣。很多时候，这种醋意更多

第九章　浪漫满屋，用幽默来经营爱情

的是一种爱意的表达。从某种意义上说，没有醋意就没有爱意。如果你吃自己恋人的醋，不妨也用幽默的表达让对方知道。

一对恋人进入了热恋阶段，他们在公园里如醉如痴地亲热后，女朋友忐忑不安地问："我问你，别瞒着我，你在和我亲热之前，有谁摸过你的头，揉过你的发，捏过你的颊？"

男朋友说："啊，这太多了，昨天，就有一个……"

女朋友愕然，醋意大发，忙问："她是谁？"

男朋友说："理发师。"

这位男青年故意让女友吃点小醋，把"有谁摸过你的头"的概念转移到"理发师"身上，一语出口，浓浓的幸福感瞬间升华，又博得爱人一笑，可谓一举两得。

在两人的感情世界里，适量放点醋，是一种情感的需要，说明两人彼此还深爱着、在乎着。但是，就像做菜只需要少许的醋调味一样，爱情生活的醋味也不宜过浓，表达时要委婉而不伤对方的自尊心，否则害人害己。

总之，有醋意才有爱意，但如果借着一方的醋劲幽默化解，不但不会让双方产生芥蒂，反而还会增进彼此的感情，维护二人世界的安定团结。

用幽默来弥补犯下的错误

有句歌词说"相爱容易，相处更难"，的确，爱人之间免不了磕磕碰碰的事情。那么，当恋人或夫妻间的一方做错了事或误了事的时候，难免要作

幽默
让你充满魅力

个解释，此时用简短的幽默可代替自己的一大段的解释，也可以避免对方一大串的埋怨。

有一对恋人相约在公园见面，可是男孩迟到了半个小时，女孩非常生气。一见面，女孩就生气地说："你怎么才来呀，让人家等了这么久！"

男孩说："这不能怪我呀，他们总是故意为难我，司机慢慢地开车，红灯一遇到我就变亮，而时间却走得那么快。要是我有天使的翅膀，我早就飞来了。"

女孩说："可是我等了整整30分钟！"

男孩幽默地说："你要知道，我可是等了20年，才有缘认识你呀！"

在生活中，我们难免出现过失，这时候最好的办法莫过于用幽默掩过是非，化解过失。幽默既能让自己不那么没面子，也容易让对方破涕为笑，然后原谅你，何乐而不为呢？

一个人在外面喝酒喝多了，很晚才回到家。他又忘记了带钥匙，于是只好敲门。

妻子怒气冲冲地打开门说道："对不起，我丈夫不在家。"

"那好，我明天再来。"

他说完，装出转身要走的样子。

故事的结果你或许也想到了，妻子一下子把丈夫拉回了家。丈夫借助幽默的语言和行动，化被动为主动，巧妙掩饰了自己的过失，得到了妻子

第九章 浪漫满屋,用幽默来经营爱情

的谅解。可是,如果你忘了那特别的日子,比如妻子的生日,那妻子就真的会不高兴了。这时候,除了掩饰过失之外,你还必须认真地承认自己的错误。

一位丈夫在妻子生日过后一个星期才想起忘了向妻子祝贺生日。他在送上一份迟来的礼物时说了一句:"我问珠宝店的售货员:'对于上周过了生日的人该送什么礼物好?'"结果他的妻子对他的"健忘"莞尔一笑,说:"我知道你是难得买礼物的人。你老是忘了生日和结婚纪念日。"

上面故事中,丈夫得到了妻子的谅解,不仅仅是因为他自己的机智幽默,妻子的宽容大度也是一个重要的原因。客观上来说,夫妻之间免不了磕磕绊绊,而夫妻生活也因有了变化起伏才不显平淡与呆板。不论争吵的最初原因是什么,要想尽快地熄火降温、平息争执,关键是在争吵中或事后其中一方主动承认错误,巧用幽默,使生活充满更多的欢笑。

一天,妻子外出听课,等她回来时,已经很晚了。孩子放学后没能吃上饭,已经饿着肚子趴在桌上睡着了。丈夫比她早一步到家,见家里冷锅冷灶,顿时火冒三丈,见她进门,生气地骂道:"你在家里一点用都没有,我们连饭都吃不上。"

妻子没有反唇相讥,而是心平气和地笑道:"你火什么?火再大,也点不着炉子呀。"一句话使丈夫脸上的肌肉松弛了,但仍然怒气未消地说:"你呀,要没有我,怕是什么都吃不到肚子里。"妻子说:"所以我才离不开你呀!"丈夫终于笑了。矛盾就这样化于无形中。

幽默 让你充满魅力

我们说，只要热爱生活，善于观察生活，珍惜恋人或夫妻间的感情，幽默便会像喷泉一样不断地涌出。

小森过了多年单身汉的日子，终于娶到了一个姑娘。他要带妻子去外地度蜜月。

两个人来到车站，小森去买票，习惯了一个人出门的他想都没想就条件反射地买了一张票就准备往站台里走。妻子走过来拍了一下小森的肩膀："亲爱的，你怎么只买一张票啊？"

小森一听心头一震，忙随机应变："你看我真是被幸福冲昏了头，光想着你，竟把自己给忘了！"

亦真亦假，不等妻子的笑声结束，小森又买了一张票，两人开始了甜蜜的旅行。

幽默总是可以对掩饰过失起到一定的作用。但特别要注意的是，幽默不是万能的，也并不是一切的过错都可以用幽默轻而易举地遮掩过去，幽默的同时绝不能忘记原有的真诚。

用幽默拒绝他人的求爱

被爱是一种幸福，如果爱你的人正是你所爱的人，你当然会有幸福的感觉；假如爱你的人并不是你的意中人，或者你一点儿也不喜欢对方，你就不会感觉被爱是一种幸福了，你可能会产生反感甚至是痛苦，这份你并不需要的爱就成了你的精神负担。

一个人向你求爱，并没有错；你拒绝对方的爱，也没错。最关键的是看

第九章　浪漫满屋，用幽默来经营爱情

你怎样拒绝，如果拒绝得恰到好处，对双方都是一种解脱，也可以免去许多麻烦。如果你不能恰到好处地拒绝别人的求爱，那可能会伤害他人，说不定也会危害自己。

一位年轻的厨师给他喜欢的姑娘写了一封情书。他这样写道："亲爱的，无论是择菜时，还是炒菜时，我都会想到你。你就像盐一样不可或缺。我看见鸡蛋就想起你的眼睛，看见西红柿就想起你柔软的脸颊，看见大葱就想起你的纤纤玉指，看见香菜就想起你苗条的身材。你犹如我的围裙，我始终离不开你。嫁给我吧，我会把你当作熊掌一样去珍视。"

不久，姑娘给他回了一封信，她是这样回复的："我也想过你那像鹅掌的眉毛，像西红柿的眼睛，像大蒜头一样的鼻子，像土豆似的嘴巴，还想起过你那像冬瓜的身材。顺便说一下，我不打算要个像熊掌的丈夫，因为，我和你就像水和油一样不能彼此融合，你能明白我的意思吗？"

每个人都有爱与被爱的权利，如果对方请人转告或是暗示，希望与你建立恋爱关系，而你的心里对此人并不满意，那当然就要推辞掉。但是，若对方恰好是自己熟悉和不愿伤害的人，那该怎么拒绝呢？不妨选择幽默的方式来善意地拒绝，这样既能达到自己的目的，又不会伤害别人。

幽默地拒绝别人时言辞首先要恰当，既要把自己的意思表达清楚，让对方没有心存幻想的余地，又不要不近人情。

某医院的护士小张长得漂亮又机灵，大家都很喜欢她。

这天下班，办公室年轻的郑医生对她说："小张，一同去吃饭好吗？我有一件很重要的事想跟你说。"

幽默
让你充满魅力

小张立刻就明白了"重要"的含义。于是她笑着说:"好哇!我也正好有事情要你帮忙呢。"

郑医生一听高兴极了,含情脉脉地说:"行,只要是帮你的忙,我一定两肋插刀。"

小张又笑了:"可没那么严重。只不过是我男朋友脸上长了几个青春痘,我想问你怎么治疗效果比较好。"

运用这样幽默含蓄的方法拒绝,通常情况下都很有效,有些人会采用幽默的语言来表白。这时候,被追求的一方如果想要拒绝对方的求爱,更应该幽默以对。这样既可以达到自己的目的,也不至于伤了求爱者的自尊。

"亲爱的玛丽,"年轻的威廉在信中写道,"请原谅我再次打扰你。由于我的热恋使我的记性如此糟糕,我现在一点儿也记不起来,当我昨天向你求婚的时候,你说的是'行'还是'不行'。"

玛丽很快回了信,信中写道:"亲爱的威廉,见到你的信我真高兴。我记得昨天我说的是'行',但是我实在想不起是对谁说的了。"

玛丽的幽默拒绝既态度鲜明地表达了自己的立场,又保全了威廉的面子,对他造成的打击不至于太大,而且有抚慰疗伤的作用,以后双方再见面也不会尴尬。

拒绝他人的求爱,是一门学问和艺术,能体现出一个人的品德、性情和修养。一个懂得幽默地拒绝别人求爱的人,能够使别人在自己的拒绝中,感觉到你是善意的、婉转的、真诚的,当然,也能愉快地感受到你的原则。

若你不信,不妨做个比较:

情景一:某帅哥找到自己心仪已久的姑娘示爱:"我发誓我会用实际行

动让你快乐！"

回答A："不好意思，我已经有男朋友了。"

回答B："真的？你是说你现在就要离开？"

情景二：酒吧中，帅哥找姑娘搭讪："请问我可以请你喝一杯吗？"

回答A："不用了，谢谢！"

回答B："如果你折现的话我会更高兴。"

情景三：餐厅中，姑娘独自在用餐，一位帅哥走上前来，问道："请问这个位子是空着的吗？"

回答A："不，这里有人了"或"抱歉，我想一个人用餐"。

回答B："是的，而且当你坐下之后，我这个位子也会空出来。"

上述三种情景的回答当中，显然回答B更好，因为它不是冷冰冰的拒绝，而采用幽默的方式告诉对方自己的想法。这样的拒绝方式，最大限度地减少了被拒绝一方所受到的伤害，让对方在说说笑笑中坦然离去。

拒绝异性的青睐是一门学问，幽默的拒绝则是这门学问中的精华，既不会让人难堪，又能含蓄地表达自己所要表述的意思。这还需要有心人、有情人慢慢体会和琢磨。

用幽默呵护你的爱情

恋人间的幽默调侃，让恋爱妙趣横生，它永远是一种甜蜜的诱惑。如果你懂得在恋爱中巧妙地运用幽默，就会让你的恋人尽享爱的甜蜜。

英国文学家劳伦斯曾说过："世俗生活最有价值的就是幽默感。作为世俗生活的一部分，爱情生活也绝不能少了幽默感。过分的激情或过度的严肃都是错误的，两者都不能持久。"所以，即使在恋爱中两人有分歧，即使你

幽默
让你充满魅力

对对方有诸多的不满，也不要忘记还有一种解决方法叫作"幽默"。

有一对热恋中的男女青年，小伙子因为忙于工作总是没有时间陪女友，一天他到女朋友家去，看到女朋友新买了六只小鸡，女朋友介绍说其中有五只公鸡、一只母鸡，他便奇怪地说："亲爱的，你怎么买了五只公的、一只母的呢？"

女朋友："这样小母鸡就总是有人陪，不会像我那么寂寞了。"

小伙子一下明白了女友的用意，赶忙赔不是，并为以后的行动做出了承诺。聪明的女友借幽默表达了自己的心情，达到了自己的目的。

恋爱中约会迟到是非常常见的事，约会可以使男女双方增进了解、增进感情，也是恋爱季节里最富有魅力的活动，当对方约会迟到时，有的人暴跳如雷，有的人委屈落泪，而真正有智慧的人则会使用幽默的语言去点醒对方。

一位小伙提前半小时来到公园门口，可姑娘却迟到了45分钟，小伙子看到她真是又爱又恨，说轻了难以发泄心头的不满，说重了又怕姑娘生气，怎么说她好呢？见姑娘"脸不变色心不跳"，一副心安理得的模样，小伙灵机一动，幽默地说道："哎，人们都说'一日不见，如隔三秋'，可我对你却是'一日不见，如隔千秋'啊，如果你再晚来十分钟，恐怕我都要变成白胡子老头了。"

本来就理亏的姑娘听到小伙子如此幽默的抱怨，不禁对他另眼相看，借机撒娇道："好了，别生气了，下次换我'等你到白头'还不成吗？"

两句游戏一般的语言化解了一场不快，男女双方珍视对方的心情更是心

第九章　浪漫满屋，用幽默来经营爱情

有灵犀一点通。

难怪有人说，对于一对恋人来说，双方之间的默契和幽默具有一种特殊的作用：它使双方同时发现隐藏在不快中的许多美好的事物，从而使误会和分歧暂时消失，只留下美好欢乐的感觉。所以，在恋人面前千万不要吝惜你的智慧和情趣，与对方共享快乐，给恋爱生活增添更多的美丽心情。

处于热恋中的人们，可以利用幽默给爱情加温，创造轻松愉快、富于情趣的爱情生活。只要你拨动幽默这根琴弦，就可以与你的恋人奏出一曲和谐的恋歌，享受爱的甜蜜。

对于恋人来说，幽默具有一种特殊的作用：它使双方在幽默的言谈之中发现美好的事物，并留下欢乐的回忆。用幽默呵护你的爱情，它就会成为爱情的守护神。

大科学家爱因斯坦，有一次因为一点小事和妻子闹别扭。夜晚，他要动手写文章，便吩咐妻子为他做些准备工作。他妻子很不悦地问："你都需要些什么东西？"爱因斯坦说："一张台子、一把椅子、纸和笔，还要一只大大的废纸篓。""要大大的废纸篓何用？"妻子问。他说："这样，我可以将我的所有谬误丢掉。"妻子被逗笑了，夫妻间的不愉快便巧妙地化解了。

在给爱情保温的问题上，不同的人有不同的方法，而幽默无疑是最能展示自己魅力的方法。

马克·吐温爱上了头发乌黑、美貌惊人的莉薇小姐，他们在1870年2月2日举行了婚礼。婚后不久，马克·吐温给友人写信。在信中，他不无幽默地说："如果一个人结婚后的全部生活都和我们一样幸福的话，那

幽默
让你充满魅力

么我算是白白浪费了30年的时光。假如一切能从头开始，那么我将会在牙牙学语的婴儿时期就结婚，而不舍得把时间荒废在磨牙和打碎瓶瓶罐罐上。"

幽默大师马克·吐温写出了如此触动心灵的幽默之语、浪漫之词，可见其参透了浪漫的奥秘。

爱情是人生最美丽的幸福之花，幽默不仅能帮助平凡的你抓住爱情的机会，还能够使普通的爱情平添许多精彩的妙趣。幽默是成功恋爱的守护神，在恋爱之中，充分发挥你的幽默才能，能够让你迅速获得值得一生回味的美好爱情。

电影《归心似箭》中，魏得胜经常给玉贞家挑水。在一次挑水时，玉贞用含蓄的幽默语言向他表示了爱意。

魏得胜："要不是你，我早喂黑瞎子了，这恩情是要报答的！"

玉贞："我可就等着你这两句话啦。你这个人嘴还怪甜的！那你就一天给我挑两趟水。"

魏得胜："那容易！我就一天给你挑两趟水！"

玉贞："挑到儿子娶媳妇，挑到我闺女出门子，给我挑一辈子！"

魏得胜："挑一辈子？"

玉贞含羞带笑地说："对，挑一辈子！"

如果爱人是个缺乏幽默感的人，谈话做事都是一板一眼、不苟言笑，这样的爱情就少了一分情趣。因此，让幽默成为恋爱的守护神，可以让爱情天长地久。

第十章　幽默给力，
　　　家庭幸福有活力

　　幽默是家庭生活中的必备品，没有幽默的家庭往往缺少欢声笑语。没有欢笑的家庭，死气沉沉。幽默是家庭幸福的保鲜剂，它可以营造轻松、和谐、温馨的家庭氛围，有助于孩子的健康成长，夫妻的互敬互爱，以及婆媳的和睦相处。

第十章　幽默给力，家庭幸福有活力

用幽默调节单调的婚姻生活

有这样一个说法：对于一个有幽默感和两条腿的人来说，如果不能两全，最好失去一条腿。也许你认同这个说法，但你可以从中看到幽默的重要性。

在婚姻中，我们都经历过现实与期望背道而驰的时候。就算是最浪漫的一对伉俪，也有过他们最难熬的时期。当"天空流泪的时候"，如果你还有笑的勇气，相信你的爱人将无比地信任你、依赖你，并以你为荣。

生活中有很多时候，只要加点幽默，就能阻止心情变得更糟，而且能让你们的婚姻生活永远都充满浪漫的元素。

妻子："亲爱的，你能把昨天晚上换下来的衣服洗一下吗？"
丈夫："哦，不，亲爱的，我还没睡醒呢！"
妻子："我只不过是考验你一下，其实衣服都已经洗好了。"
丈夫："我也只是和你开玩笑，其实我很愿意帮你洗衣服的。"
妻子："那太好了，我也是在和你开玩笑，既然你愿意，那这件事就拜托你了。"

丈夫此时不得不佩服和欣赏妻子的幽默和智慧，不得不去洗衣服了，但此时的家务事带来的不是烦恼，而是一种值得回味的快乐。

进入婚姻生活的男女不再期望对方能给自己带来多大的惊喜或浪漫，但仍需要对方让自己愉快，让自己放松，特别是在忙碌了一整天的工作或家务

幽默
让你充满魅力

活之后。

有一个外企员工，工作较忙，下班总不能按时回家，经常是妻子回到家把饭菜做好了他还没回来。时间一长，妻子就不耐烦了。有一次，妻子生气地说："你还想家，还要吃饭吗？"他不作声，在饭桌上只是一股劲地喝汤。妻子觉得奇怪："你是不是发神经了？光灌水！"他说："我怕跟你吵起来，多喝点汤，压压火。"一句话逗得妻子哭笑不得："真拿你没办法。"边说边给他盛了饭，并夹上一大块鱼端到他面前。他双手接过，风趣地说："谢谢孩子他妈！"一下子大家都乐了，妻子原先的一肚子气也随之烟消云散。

家庭是社会的细胞，家庭中尤其需要幽默。原本相对独立的两个人成立了家庭以后，夫妻之间便开始朝夕相处。恋爱时的浪漫、相互间的仰慕都会被越来越具体、越来越琐碎的家务劳动所吞噬，夫妻双方常常会为这些枯燥的永远做不完的家务事而发生矛盾，使家庭的欢乐气氛减少。而幽默却能使家庭矛盾得到化解。事实证明，如果夫妻双方都有幽默感的话，那么，他们之间的感情纽带就会比别的夫妻更牢固，也更能经受得住生活中的磨难和考验。同时，那些原先琐碎的家务也会在幽默感的润滑下，变成一曲令人心情愉快的家庭幸福乐章。这样的家庭更具有欢乐的气氛。

有一位妻子出差，留下一些家务活给丈夫做。她把家务活列成"一、二、三、四……"写在纸条上，出于开玩笑的心情，又在纸条上写上第五条："多想想你的妻子。"

几天之后，妻子回家，丈夫向她汇报完成家务的情况，并递回条子。条子上前面四条已画了叉，表示已完成，只剩下第五条未画。

"怎么，你把我忘了？"妻子有些不高兴。

"第五条我也做了，但还没有做完。"丈夫回答说。妻子顿时笑逐

第十章 幽默给力,家庭幸福有活力

颜开,并送给丈夫一个热吻。

幽默的谈笑,对维持家庭的幸福也很有帮助。譬如丈夫对妻子说:"你真是幸福,有这么好的一个丈夫!"接着丈夫说了自己的一些优点,又趁机举例谈到那种使妻子不幸的丈夫。这时候他说话的样子是半认真、半开玩笑式的,但是听在妻子的心中,却有一种幸福的感觉。假如他是一本正经地诉说自己的优点,妻子反倒会觉得他在自我吹嘘。

事实证明,在家庭生活中,幽默可以消除烦恼和忧愁,增进身心健康;可以丰富情感交流,增添生活乐趣;可以化干戈为玉帛,增强家庭和睦,对搞好家庭建设很有好处。

有一对年轻夫妇,因家里只有一台彩电,男的爱看球赛,女的爱看电视连续剧,这样就摆不平了。最后当然是丈夫让步。

不过这位丈夫还算有心计,平日一有机会,他就向妻子灌输体育知识,谈谈球赛趣闻,久而久之,妻子的兴趣果然被他带动起来,有时也跟他一道收看体育比赛,那真是夫唱妇随。到了四年一届的世界杯足球赛时,妻子的眼睛已经被精彩的比赛吸引了,这时,他才煞有介事地对妻子说:

"看你这个高兴劲儿,我想起了一句老话。"

"什么话?"

"知足常乐!"

"怎么会想起这句话呢?"

"知足常乐嘛,就是知道足球以后,就会常常乐了呗!"

散文家张小娴说:"两个人的结合,就像两首曲子交汇成一首,由于原先的曲调、节奏各不相同,所以需要两者的协调与合作,才能汇成一曲比原先任何一曲都好听的音乐,如果配合不当或失误,这首曲子一定比原先任何

199

幽默 让你充满魅力

一曲都更糟糕。"要使家庭生活永远朝着健康、高质量的方向发展,家庭幽默是必不可少的。

总之,不要为生活中的琐事而烦恼,也不要说家庭生活因为有了"柴米油盐"之类的事情而不再浪漫、鲜活。运用你的幽默感,发挥你的创造力和想象力,把"柴米油盐"作为你的幽默素材,为你的家人带去快乐,为你的家庭增添无限生机。

用幽默缓和夫妻矛盾

幽默是婚姻生活的调料,它有助于改善夫妻关系,化解矛盾,维持好心情。一个幽默感极强又能适时运用幽默的人,可以在婚姻生活中游刃有余。

家庭之中夫妻争吵是一种普遍现象,不论是伟人还是普通人莫不如此,怨怒之中如果能即兴来一两句幽默,往往会使形势急转而下。

一对年轻的夫妻,为了一点鸡毛蒜皮的小事狠狠地吵了一架,吵完后,就谁也不理谁了。几天后,先生早已经消了气,觉得没必要打这么长的持久战,想和太太和好,可是无论他怎么跟太太说话,太太好像是下了决心,就是不理他。他们的冷战看样子还要持续下去。后来,先生想到一个办法来"引诱"妻子说话,他就假装在房间里所有的抽屉、柜子、衣橱里到处乱翻,翻得家里乱七八糟,妻子不知他的计策,终于忍无可忍了,就好奇地问先生:

"你到底找什么呀?"

"谢天谢地!"先生吐了一口气说,"我总算找到了你的声音!"

太太忍不住笑了,夫妻俩小小的恩怨就此结束了。

第十章 幽默给力，家庭幸福有活力

聪明的先生，用夸张的动作激起了妻子的好奇心，引得妻子忘记了自己坚守下来的冷战，缓解了紧张的家庭气氛，化解了夫妻间所有的不快。

在家庭生活中，当与妻子发生不愉快时，幽默也能帮你扭转局面，使你不失风度地摆脱窘境，尽显好丈夫本色。

陈先生很怕老婆，一天晚上，他正与友人喝酒闲谈，有感于"阴盛阳衰"的局面，感叹道："女人是水，男人是船。水能载舟，也能覆舟……"

谁知，话没说完，却被推门而入的妻子听到，妻子有些不高兴，问他："从结婚到现在，我让你翻过几次船？今天你得给我说清楚！"陈先生赶紧说："我是潜水艇，经常在水下，虽然不能扬帆千里，但也不会翻船，倒可图个天下太平。"一句话把大家都逗乐了。

幽默是化解矛盾的特效药。当妻子因为一些小事生气或心情不好时，丈夫一句幽默的话就能拨云见日，使双方重新回到良好的氛围中，避免冷战。

有这样一对夫妻，丈夫和妻子周末去郊游，本来春光明媚的一天，没想到却状况百出，不是忘了带东西，就是路上出了意外。妻子的好心情全没了，情绪坏到了极点。回来的途中，她沉着一张脸，一语不发。

他们经过一家商店，丈夫对老板说："给我妻子来瓶可乐，我要一个冰袋，这是我一天中能握在手里的最温暖的东西了。"妻子听他这么一说，"扑哧"一声笑了，脸上紧绷的线条也缓和下来。到家时，她已经和丈夫有说有笑了。

夫妻之间偶尔会发生争吵，如果不加以控制，就会进入白热化阶段。所以，我们要把握好争吵的节奏，在情况恶化之前加点幽默，你的幽默往往就会成为此次争吵的结束语。如果非吵不可，不妨幽默地吵上两句，既不伤彼

幽默
让你充满魅力

此的感情，又能起到意想不到的效果。

一位丈夫因某日和妻子相处不快，次日下班后，和朋友们一起去喝酒了，也没有和妻子说一声，晚上回家妻子一见到他，不问青红皂白就问："这么晚了，你到哪里去啦？怎么不事先打电话回来说一声呢？"

丈夫故意发泄昨天未发泄完的情绪，大声地回答说："假如我连这点自由都没有的话，会被人家笑话的，朋友们会笑我不是大丈夫。"

妻子听了这话也不甘示弱，回击说："如果连这点要求都得不到满足的话，我也怕被别人笑话，别人会说我是你的小老婆！"

丈夫一听这话，不禁笑出了声，赶快给机智的妻子道歉，家庭战争的气焰也随之消失了。

幽默和温和的言语一样，在夫妻之间发生矛盾的时候，幽默所表达的是一种委婉的妥协，总是能够迅速地弥补双方之间的个性差异与感情裂痕，拉近双方的心理距离，既不伤及自己的颜面，又能同爱人和解。有人把幽默比喻成夫妻关系盛怒时的冷静剂，同时，又是让两人感情迅速回热的加温剂。

一次宴会上，林肯和他的夫人面对面坐着。林肯的一只手在桌上来回移动，两个手指头向着他夫人的方向弯曲。

旁人对此十分好奇，就问林肯夫人："您丈夫为何这样若有所思地看着您？他弯曲的手指来回移动又是什么意思呢？"

"那很明显，"林肯夫人答道，"离家前我俩发生了小小的争吵，现在他正在向我承认那是他的过错，那两个弯曲的手指表示他正跪着双膝向我道歉呢。"

人们常说，一个成功男人的背后一定有一个能干的女人。伟人之所以能取得很大的成就，很多时候都是因为有和睦的家庭作为坚实的后盾。做一对

第十章　幽默给力，家庭幸福有活力

幽默的夫妻，家庭就能禁得起狂风暴雨的袭击。充满幽默气氛的家庭里，家庭成员之间一般不会出现关系紧张的情况。

有一对夫妻吵架，妻子在不断数落丈夫的不是："我真后悔嫁给你，早知如此，我就嫁给魔鬼了！"

"不行，你不能这样做。你难道不懂近亲结婚是法律所不允许的吗？"

面对火冒三丈、口不择言的妻子，丈夫幽默地把她比作了魔鬼，从而让妻子在笑声中冷静了下来。

在婚姻生活中，有的夫妻懂得怎样去保护自己的幸福，呵护婚姻中的爱情。他们以幽默来代替粗鲁无礼的语言，用笑声来解决日常生活中的分歧。虽然他们也相互挑剔，也会产生纷争，但是经过由幽默产生的快乐笑声冲击之后，一切纷争都显得微不足道了。但必须注意的是：假如幽默的初衷不是解决问题，而还是争斗，你一句，我一句，挖苦来挖苦去，那再幽默的话也不能平息双方的怒火，反而可能会激发矛盾，引发战争。

运用幽默的语言、行动和态度来对待家庭中的其他人，它会使你的家庭远离无休止的争吵，远离沉闷压抑的冷战，远离空穴来风的猜忌。它如同家庭生活中的润滑剂，能使你的家庭永远沐浴在春风细雨之中，使家人的关系永远和谐美好。

用幽默进行亲子沟通

父母很多时候都在为孩子怎么样能乖乖听话而苦恼，经常会听到家长这样抱怨："孩子非常不听话，越不让他做的他越做，越叫他做的他越不

幽默
让你充满魅力

做，做什么都和我们对着来。""孩子犯错，打了，也骂了，可是还是屡教不改，下次接着犯，接着打，最后都打皮实了，并且越打越不听话。""讲道理根本讲不通，有的时候和他说，他比你还清楚呢，说多了吧，又嫌你啰唆。"面对孩子的这种状况，家长的批评教育显得如此无力。有的家长在想，为什么自己的孩子就那样调皮不听话，别人的孩子就那样乖巧呢？甚至觉得自己的孩子或者天生就是这个样子，教育不好了，于是放任自流，任其自暴自弃。其实在这个世界上没有不犯错的孩子，更没有教育不好的孩子，只有应用不当的方法。想让孩子听话，幽默教育也不失为一个好方法。

鲁迅先生曾给许广平的论文《罗素的话》写下这样的评语："拟给90分，其中给你5分（抄工3分，末尾的几句议论2分），其余的85分都给罗素。"原来，许广平在论文中大段摘录罗素的话而少有自己的见解。看了这样幽默而又中肯的评语，许广平笑了，她不仅马上悟出自己文章的症结所在，而且对先生更增敬佩。

这件事使人想起德国学者雷曼麦所说的："用幽默的方式说严肃的道理，比直截了当地提出更能为人接受。"确实，寓批评于幽默中，其效果往往远胜于耳提面命、疾言厉色的批评或是苦口婆心、喋喋不休的劝诫。

由上面的例子不难看出，幽默的批评是一种教育艺术。在家庭教育中，更值得我们借鉴和运用。

苏联著名诗人米哈伊尔·斯维特洛夫就是用幽默的方法来教育孩子的高手。有一次，诗人刚进家，就发现一家人慌作一团，诗人的母亲正在打电话给医院请求急救。原来，诗人的小儿子舒拉别出心裁地喝了半瓶墨水。诗人明白：墨水是不至于使人中毒的，所以用不着慌张，而这正是教育舒拉的好时机。于是，他轻松地问："你真的喝了墨水？"舒拉得意地坐在那里，伸出带墨水的舌头，做了个鬼脸。诗人并没有发

第十章　幽默给力，家庭幸福有活力

火，他从屋里拿出一沓吸墨水的纸来，对儿子说："现在没有别的办法了，你只有把这些吸墨纸使劲地嚼碎吞下去了。"一场虚惊就这样被诗人的一句幽默给冲淡了，并且在家人的嬉笑声中结束。舒拉原想以此成为家里的焦点，但是未能如愿。此后，他再也没有犯过类似出风头的错误了。

幽默，在解决亲子冲突或是在接纳孩子情绪方面有着很有效的作用。表面看来，大人只是需要运用一点儿幽默，但背后却需要大人一些正确的育儿态度来做有力支撑。

中国传统的家庭教育大都严肃多于宽容，从一些俗话便可见一斑。比如，"三天不打，上房揭瓦""棍棒底下出孝子"。在这种教育思想的影响下，家长与孩子的关系往往弄得非常对立。殊不知，最好的家教应该是略带一些幽默的。

一位妈妈说："如果儿子生气了，我会说'晴转多云'；儿子伤心流泪了，我劝他'轻伤不下火线'。餐桌上，我还经常来几个即兴小幽默，让大家开开胃。我这样做，活跃了家庭的气氛，拉近了和儿子的心理距离。"这就是幽默沟通。在交流中，幽默能激起对方的愉悦感，使谈话在轻松、舒心的氛围中进行；幽默可以缓解紧张、尴尬的气氛，在笑声中拉近双方的心理距离。

上中学的艾玛成绩一直十分优异，有一次数学考试却发挥失常，考得很差。放学回家后，艾玛终于控制不住在父母面前放声大哭，父亲看到后，既没有责怪女儿，也没有柔声安慰，而是诙谐地说道："我的小公主，哭有什么用？要是能哭出好成绩来，我和你妈妈立马加入，哭他个天昏地暗。跌倒了就站起来吧。"艾玛听了爸爸的话，破涕为笑，找回了学习的自信，使这次考试带来的阴影化为乌有。

幽默
让你充满魅力

幽默不仅是一种对孩子教育手段,更是父母乐观精神的体现。父母通过幽默将这种乐观传达给孩子,给予孩子不断进取的力量,拉近与孩子的内心距离。

在一次家庭聚会上,女主人给来访的客人准备了食物。她的小孩在大家品尝前偷偷地吃掉了巧克力。女主人微笑着问孩子:"巧克力是为客人准备的,是不是你的小恐龙多利(玩具的名字)偷吃了巧克力?"孩子不好意思地回答:"一定是它,它看到巧克力时嘴馋了。"女主人继续温和地对孩子说:"哦,那么请帮我转告多利,下次想吃巧克力时,请提前告诉我,好让我为它也准备一份!"

如果故事里的女主人直接问孩子:"是你吃了巧克力吗?"孩子将会感到尴尬,甚至可能说谎为自己开脱。但聪明的女主人用幽默的方式,既保护了孩子在客人面前的自尊,又巧妙地进行了教育。

事实证明,幽默确实是家长与孩子沟通的有效方式。世界上有人拒绝痛苦,有人拒绝忧伤,但决不会有人拒绝笑声。在教育孩子时,一个家长如果经常能想到"寓教于乐",再顽皮、再固执的孩子也会转变的。

有位母亲发现刚上初中的儿子衣袋里有半包香烟。她没有对儿子大加训斥,而是把香烟摆在儿子面前,和颜悦色地说:"你想学抽烟是不是?我把它的'好处'总结一下,若不全面你再补充。一是可防小偷。吸烟可以引起剧烈咳嗽,小偷知道有人在家就不敢轻易下手。二是节省衣料。长期吸烟终成驼背,身体'矮了',自然就节省布料。三是吸烟能使面色黄中带黑,演包公不用化妆。四是永远不怕老。因为吸烟越厉害,活到老的可能性越小,这样就用不着怕老了。"儿子听了母亲的这番话,不好意思地笑了,从此远离了香烟。

第十章　幽默给力，家庭幸福有活力

幽默在家庭教育中，表面上只是一种教育手段，但实际上它体现的是一种乐观精神，一种坚信"明天会更好"的执着，反映了教育的人文本质。它能有效消除孩子的逆反心理，缓解亲子之间的矛盾冲突，让孩子在笑声中感受爱心与亲情，接受教育和启迪，这比单纯的说教更具有感染力和说服力。同时，巧妙地营造幽默氛围，还有助于培养孩子乐观向上的处世态度，增强孩子的社交能力和语言表达能力。

幽默是家庭幸福的"保鲜剂"

幽默是家庭幸福的保鲜剂。婚姻生活中的幽默，能使夫妻生活更加充满情趣，使结婚前的爱意延续不减。

幸福的家庭有很多秘籍，假如给它们排个名次的话，那幽默肯定会高居榜首。因为幽默是夫妻生活的润滑剂，也是亲子交往的黏合剂。

一天，丈夫外出，穿了件崭新的白上衣，没料到遇上倾盆大雨，把全身淋透，不但成了个落汤鸡，上衣还沾上了很多污泥。

到了家门口，看门狗狂吠不止，并扑向他。丈夫很生气，正想拿起一根木棒打它时，妻子出来说："算了吧，别打它。"

丈夫生气地说："这条狗真可恶！连我也认不出来了。"

妻子说："亲爱的，你也要设身处地为它想想，假如这条白狗跑出去变成一条黑狗回来，你能认得出来吗？"

妻子用这个小小的幽默来表达对丈夫淋雨后的关心。在妻子深情的关怀面前，丈夫被雨淋成落汤鸡的不快很快化为乌有。

幽默
让你充满魅力

妻子递给丈夫一张报纸，说道："你看看这篇文章，吸烟多有害！科学家说，吸一支烟要减少六分钟的生命，我看你还是把烟戒掉吧。"

丈夫看完，将报纸放在一边，说道："你这是害我。"

妻子不解地问道："我劝你戒烟是要你爱惜身体，怎么说是害你呢？"

丈夫答道："你没见这篇文章中还说，不吸烟的人吸入空气中的烟雾，比吸烟的人遭受的危害更大？我们办公室里的人都吸烟，我一个人不吸，不是要遭受更大的危害？我是怕死才吸烟的。"

妻子听后，平静地说道："既然这样的话，那么，请你以后每天给我和女儿也各买一包香烟吧。"

相信妻子这样的幽默话语，一定会让丈夫笑出声来，愉快地接受建议并改正错误。

家庭是一个很容易诱发幽默的环境，因为家庭中充满了善意和关爱。

有一位先生对朋友说："我太太和我总想不到一块儿去。我们手头有一笔钱，她想要一件新的裘皮大衣，而我想买一部新摩托车。最后我妥协了，我说：'买一件裘皮大衣，然后把它放到车库里去吧。'"

这位先生和他的太太当然不会真的买一件裘皮大衣然后放到车库里。表面上两个人的愿望都没有实现，实际上丈夫通过幽默的方式向太太妥协了。他们通过较为幽默的方式解决了问题，避免了夫妻各自为政的局面。所以，当夫妻之间有什么不同意见时，不妨幽默一些，一起来笑，笑你们的不同。

幽默是保持夫妻关系牢固的黏合剂。在许多时候，幽默的言谈能使夫妻双方增强对婚姻和家庭的信心。

第十章　幽默给力，家庭幸福有活力

一对夫妻结婚十八年了，妻子为丈夫煮了十八年的饭。最近妻子煮了生平最难下咽的晚餐：菜烂了，肉焦了，凉拌菜没有一点味道。丈夫默默地坐在饭桌旁嚼着，一言不发，她心里很自责。而当她正要收拾碗碟时，丈夫却突然把她一抱，吻个不停。

"这是怎么一回事？"她问。

"哈！"他答，"今晚这顿饭跟你做新娘子那天煮得一模一样，所以我要把你当新娘子看待。"

丈夫这一番幽默所表达的爱和关怀胜过任何没头没脑的责备。幽默，让妻子品味出浓浓的爱意，感受到无比的幸福。

幸福的家庭就是能在幽默的欢声笑语中体味着家的温馨和爱意的家庭。

用幽默来代替指责和不满

生活中，我们对亲人会有各种各样的看法，有时候是好的看法，有时候则是不好的。当我们对亲人有不好的看法时，如果直言不讳、言辞激烈，则难免伤害对方。如果能将话语制成"糖衣炮弹"，对有缺点的一方进行善意的指正和有节制的劝诫，以幽默的方式送给对方，那么就既达到了批评对方的目的，又使对方心甘情愿地改正错误，还不会伤害感情。可以想象，其收效肯定要比直言不讳强。

妻子："今年春天，不知又流行些什么时装？"

丈夫："和往常一样，只有两种：一种是你不满意的，另一种是我买不起的。"

幽默 让你充满魅力

这位丈夫幽默的指责，一般通情达理的妻子均能接受，两个人此时都会为之一笑。

生活中，当双方发生严重的意见分歧的时候，如果有理的一方能撇开义正词严的态度，以幽默的语言对无理的一方施以掩藏锋芒的暗示性责备，那就既能正确无误地表达出责备之意，又能达到不伤害夫妻感情的目的。

妻子对丈夫说："我生了女孩，你妈妈说什么了吗？"

丈夫回答："没有，她还夸你呢。"

妻子认真地问："真的，夸我什么？"

丈夫一字一句地说："夸你有福气，将来用不着担心看儿媳妇的脸色行事了。"

这位丈夫没有直接表达对妻子对自己母亲不敬的不满，而是以幽默的方式道出，通过这种温和的批评方式，让妻子从一个母亲的角度来看这件事情，使她在回味之余，更容易接受批评并加以改正。

日常生活中许多生活琐事往往会引发大的干戈，其原因之一是双方的话语中都缺少一种幽默的成分。如果在批评亲人的时候能采用幽默的方式，那么你的批评就已经成功一半了。

阿强不喜欢女性化浓妆，可早上妻子偏偏化了个大浓妆，阿强故作惊讶地说："你今天没洗脸？"

"谁说我没洗脸？"

"洗了脸，怎么你眼睛还是黑乎乎的，像只大熊猫！"

假如阿强直接说"你打扮得太浓艳了"，或者干脆责备说"你怎么化这么浓的妆"，很可能会令妻子听着不舒服，引起她的反唇相讥，也许一场争

第十章 幽默给力,家庭幸福有活力

吵就可能因此发生。而幽默委婉的方式让妻子在听取自己建议的时候也不会有所抱怨,反而会莞尔一笑,乐于听从。

夫妻生活中的说话是很有讲究的。同样是一句话,如果说法不一样,效果会相差甚远。

有一对夫妻,妻子晚上睡觉前总是唠叨个没完,她丈夫天天早晨都不能按时起床。

一天,妻子对丈夫说:"你应该买个闹钟。"

丈夫说:"不用买!你要能早点醒,那就是个现成的闹钟了!"

几句幽默的话,故事中的丈夫就把妻子的缺点暗示出来,并委婉地说明了自己的责备之意。两人在"和平"中解决了问题。

以上事例说明,对方在受到责备的时候会感受到责备的内容,对他们来说,责备的形式有时候是更重要的。采用幽默的方式将责备之意传达给对方,能给对方一种良好的感觉,使对方更容易面对错误、接受教育。在现实生活中这样的事例其实随处可见。

小气的妻子往往把家里的财物管得很严,丈夫会觉得很不方便,这时候要表达不满可以向下面这位先生学习:

儿子问父亲:"爸爸,阿尔卑斯山在哪里?"

父亲漫不经心地回答说:"去问你妈妈!她把什么东西都藏起来了。"

当你以幽默的言语与亲人交流时,你可以制造机会并达到你的目的。幽默的言语有助于增进家人的感情。

有一位太太,对钓鱼、打猎、跳舞、棒球都没有兴趣。但是这四

幽默
让你充满魅力

项活动都是她丈夫的嗜好,每一次他享受这些休闲活动时,必定要求她同往。

最后她哀求道:"比尔,你得学会独立生活。"

"怎么啦?"丈夫摸不着头脑。

"为什么你不能像别的丈夫那样,哪儿也不带我去呢?"

这位太太以幽默的语言向丈夫表明了一个重要的看法,即兴趣的共享与坚持形影不离是有所区别的。有一句现代名言提醒我们:"爱就是相近到足以亲昵但又必须保持适当的距离,两性中的适当距离有利于个人成长。"

有一位先生回家时,装作气喘如牛的样子,却又得意扬扬地对妻子说:"我一路跟在公共汽车后面跑回来,这一来我省了一元钱。"

他妻子笑着说:"你何不跟在出租车后面跑,可以省下50元钱!"

上面这个幽默的故事中,丈夫所说的明显是假的,他要表达的是妻子对他的钱管得太紧了,他不得不省钱跑回家。妻子理解丈夫的意思,在莞尔一笑的同时,以幽默的话回避了丈夫的话题。

幽默是一种灵活的表达方式,它可以明确而又温和地表达出我们对亲人的看法。让亲人平和地了解到我们的想法,重新审视他们自身,改正他们的错误,弥补他们的不足。